短视频红利

抢占移动互联网流量入口

苏旺 / 著

人民邮电出版社
北京

图书在版编目（CIP）数据

短视频红利 ：抢占移动互联网流量入口 / 苏旺著
. -- 北京 ：人民邮电出版社，2018.12（2020.1重印）
ISBN 978-7-115-49083-4

Ⅰ. ①短… Ⅱ. ①苏… Ⅲ. ①网络营销 Ⅳ.
①F713.365.2

中国版本图书馆CIP数据核字(2018)第183745号

内容提要

本书属于实用类的指导性图书，全书共分为8章。第1章主要是从大环境的角度，对整个短视频领域的现状进行讲解；第2章至第7章介绍了短视频的内容创作、团队搭建、策划与拍摄以及快速推广的方法，为新媒体行业中短视频领域的从业者提供了参考；第8章则明确指出了短视频发展过程中最重要的环节——变现，并讲解了变现的方法与操作技巧。

本书适合新媒体从业者、传统媒体从业者、短视频爱好者、自媒体人阅读和参考。

◆ 著　　　　苏　旺
责任编辑　李士振
责任印制　周昇亮

◆ 人民邮电出版社出版发行　　北京市丰台区成寿寺路 11 号
邮编　100164　　电子邮件　315@ptpress.com.cn
网址　http://www.ptpress.com.cn
大厂聚鑫印刷有限责任公司印刷

◆ 开本：700×1000　1/16
印张：11.75　　　　2018 年 12 月第 1 版
字数：217 千字　　　　2020 年 1 月河北第 9 次印刷

定价：49.80 元

读者服务热线：(010)81055296　印装质量热线：(010)81055316
反盗版热线：(010)81055315
广告经营许可证：京东工商广登字 20170147 号

序言

如果你不太爱看文字，可以选择看图像；如果你觉得图像的表达效果不强烈，可以选择观看视频；如果你觉得观看视频需要花费很长的时间，那么短视频无疑是一个比较好的选择。

曾经，人们的记忆还依旧停留在传统媒体的图文形式上。而现在，包括微信公众平台、直播平台，甚至是火得一塌糊涂的短视频在内的各种新媒体，已经逐渐成为互联网发展的主流。我们可以明显地发现，地铁站中的广告不再是图文形式的海报，取而代之的是几分钟的短视频；网购中产品的详细介绍，也被很多商家制作成短视频……可以说，短视频逐渐渗透到了人们生活中的各个方面。

2015 年国内普及 4G 网络后，短视频就“刮”起了一阵“旋风”。而之后的 papi 酱、一条东北猫等短视频大号的爆红，使短视频领域的热度以直线增长的趋势爆发，将短视频一步一步推向风口浪尖。值得一提的是，短视频虽然是被公认的最具有发展前景的领域，但是如果深入到该领域内部就可以发现，短视频领域每天都是暗潮涌动的。

纵观行业的发展历程，笔者大胆地对短视频行业未来的发展趋势进行了预测。

首先，优质的内容是短视频制作中的重头戏。作为短视频未来发展最核心的竞争力，内容的重要性毋庸置疑，企业只有大量获取优质的内容才能在短视频领域中崭露头角，从中突显出来，从而打动粉丝用户和市场。

内容为王不仅存在于微信公众平台中，同样存在于短视频领域中，可以预见的是未来内容将成为很多栏目甚至是平台之间竞争的根源。特别是对于很多基于 UGC（User Generated Content，用户原创内容）和 PGC（Professionally-Generated Content，专业生产内容）形成的短视频平台而言，只有不断地刺激用户生产出优质的内容，才能在行业竞争中获得有利地位。

其次，短视频未来的销售市场规模会不断扩大。这其中就涉及了短视频的变现问题。相较于商业广告的贴片和冠名方式，短视频更适合软性植入广告的模式。除了这几种变现方式，不少视频团队开始涉足短视频与电商结合的变现模式，虽然有成功也有失败，但不可否认这种变现模式正在被越来越多的人所接受。

再有，随着内容投资创业的热火朝天，很多企业、团队甚至个人都投入到这场激烈的竞争中。很多传统的长视频网站平台也在尝试向视频短化、轻化的方向发展。因此，未来短视频的创作还会有更多的方式加入，短视频在今后的发展中将呈现出多元化、多样化和专业化的特点。

最后，就是关于短视频 IP 化了。为了顺应行业的发展，打造 IP 也是短视频发展的重要环节之一。短视频要想做 IP，大致会经过 3 个阶段，即平台头号 IP、各平台流量节点、最后成为全网 IP。而未来随着短视频的不断成熟，打造个人 IP 将变得越来越有优势。

和传统的长视频相比，短视频的内容更加精简，但是可以肯定的是，智能手机的普及和人们越来越碎片化的时间，给短视频提供了广阔的生存空间。新媒体蜕变的速度很快，短短几年的时间，其内容表现形式从文字到图文再到视频。谁顺应了大势，谁就能享受到更多的红利，这是所有新媒体从业者都在思考的问题。本书就对这样的问题进行了详细的分析和讲解。

全书共分为 8 章。第 1 章主要是从大环境的角度，对整个短视频领域的现状进行讲解；第 2 章至第 7 章侧重于介绍短视频内容创作的方法与技巧，并阐述了笔者的观点，为短视频新媒体从业者提供了参考方法；第 8 章则着重介绍短视频发展最重要的环节——变现，书中列举了几种渠道，有观点、有方法、有操作细节与注意事项。

虽然短视频领域火爆，却少有与之相关的图书。希望本书的出版能对很多打算涉足短视频领域或是身在该领域却不知所措的新媒体人提供指导性的帮助。

短视频经过几年的浮沉，已经被人们逐渐摸索出其中的道路。而很多新媒体人及新媒体从业者要想获得长远的发展，就要洞察先机，为短视频运营提供更多有利的条件。毕竟在短视频这场“战争”中，越是到了后期，“战况”就会越精彩。只有在这场激烈的“战争”中幸存下来的，才是真正的胜利者。

目录 Contents

第 1 章

视频红利：媒体创业新浪潮

01

当微博、微信、贴吧、论坛等新媒体平台凭借着平民化、个性化等优势在极短的时间内掀起了一股传媒界的热潮时，短视频也在伴随着这些新媒体平台的崛起而快速发展。今日的短视频早已不再是简单仅供人们在茶余饭后消遣的谈资，而是成了一个可以直接决定短视频新媒体影响力的因素，是能与多种商业要素相对接的“新蓝海”。

1.1 活在朋友圈和微信群的短视频

在 2017 年，一个名为《二八二五六手势舞》的短视频引发了众人的注意。该视频用儿时游戏跳皮筋的小调进行手指舞的表演，让观看者不仅可以回忆起童年的欢乐时光，也让人欣赏了不一样的表演——优美的手指舞蹈。虽然只是一个很短的视频，但是自播出以后，该视频受到了广大用户的高度关注，短时间内便有 52.1 万人为发布者点赞，并引发大量用户在微信朋友圈自发转载宣传，在微信用户中迅速传播。

《二八二五六手势舞》的火爆只是当前众多短视频扩散现象的一个缩影。在微信朋友圈中，还有很多这样的短视频，它们播放量很高，而在转载及分享的过程中，同样造就了微信端的高流量使用。

从“呱呱坠地”到为大众所熟知，尽管短视频的成长历程仅有几年的时间，但今日的短视频领域俨然已经在多年的蓄势之后，变得枝繁叶茂，并形成了自己独有的格局。可以说，这场短视频革命正在成为新的商业风口。

尽管短视频是最近几年为人们所熟知和关注的，实际上，短视频的崛起并不仅仅局限于微信端，其发展的时间也绝对不是一天两天的事情。如果从专业的角度来分析，短视频领域的演进总体上经历了 3 个时期（如图 1-1 所示）。

1. 蓄势期（2012—2014 年）

从 21 世纪初开始，移动互联网的普及速度明显加快。到了 2012 年，智能手机、室内无线网络、室外 3G 网络得到了广泛普及，此时短视频工具也开始应运而生并出现了短视频行业发展早期的“三巨头”：腾讯推出的微视、美图秀秀旗下的美拍和新浪推出的秒拍。伴随着短视频的兴起，其用户规模也开始初具雏形，但由于题材狭窄、制作粗糙等原因，这个时期的短视频行业总体上还处于“不温不火”的状态，其“主战场”也以传统的网页端为主，尚未在其他平台产生足够的影响力。

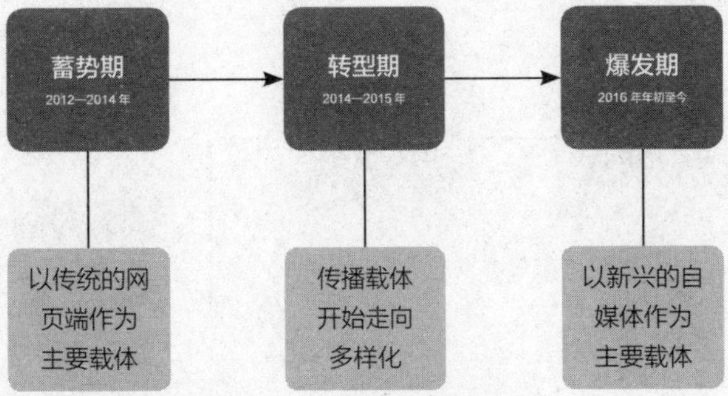

图 1-1　短视频的发展沿革

2. 转型期（2014—2015 年）

2014 年，比 3G 网络更为先进的 4G 网络开始普及，同时各大运营商积极开展提速降费工作，而移动视频经过几年的铺垫也收获了一批比较成熟的用户。在发展环境持续利好的情况下，短视频行业也开始了悄然的转型之路。这一时期最明显的变化就是短视频的推送渠道开始从单一化走向多元化，具体来说就是从传统的视频网站开始向微信端、微博端及其他 APP 端扩张。也正是因为从 2014 年起，短视频的传播渠道实现了质的飞跃，这一年被称为“中国移动短视频元年”。

3. 爆发期（2016 年年初至今）

从 2016 年开始，短视频开始向新媒体领域全面发力。这一时期，短视频不仅在优酷、腾讯等平台掀起了一轮又一轮的话题狂潮，也在微信端、微博端获得了极大的关注，大批资本和专业人士纷纷进入短视频领域。此时，短视频不但在内部完成了题材多元化的转型，更在外部完成了传播渠道的改弦更张。现在的短视频已经将微信、微博等作为自己的主要传播载体。

经过了多年的发展，今天的短视频早已从新媒体发布内容的陪衬变成了主角，而伴随其一路走来的，是无数人力资源和资本的大量涌入。

（1）有识之士的参与

短视频在互联网行业一日更胜一日的火热，引起了很多有识之士的关注。很多精通短视频技术和短视频内容策划的专业人士纷纷投入到短视频内容制作的创业大潮中，并在短短的几年时间里凭借自身的努力和行业的契机迅速成为新媒体行业的新星（如图 1-2 所示）。

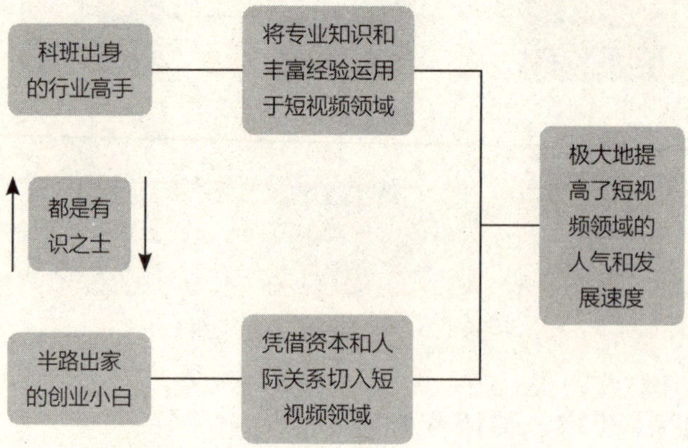

图 1-2　有识之士进入短视频领域后的表现

2013 年，《外滩画报》总编辑徐沪生辞去了自己的职务，并于第二年创办了视频新媒体“一条”。

2014 年，“蓝狮子”出版中心总编辑王留全从任上离职，并于同年创建了自己的互联网出版企业“赞赏”，紧接着他又进行了二次创业，创建了视频新媒体“即刻视频”。

2014 年，曾任《时尚先生》专题编辑，以及《独唱团》执行主编的马一木创办了新媒体平台“短裤视频”。

2015 年，《三联生活周刊》副主编苗炜辞去了自己的职务，并创建了新媒体“拇指英雄”。

2016 年 5 月下旬，原《澎湃新闻》首席执行官邵兵正式宣布离职，转而投身短视频领域，并于同年 10 月创办了自己的视频新媒体“梨视频”。

…………

看完了上面讲述的这些案例，相信大家已经能够真切地感受到短视频对于新媒体行业乃至整个新闻业的冲击。事实上，短视频领域的火爆程度早已超出了预期，向整个新兴经济领域扩展。除了这些科班出身的专业人士，一些非科班出身的创业者，也纷纷加入到短视频的创作大军中，而这其中的佼佼者便是孙继海。

2016年2月，孙继海创办了自己的新媒体品牌——“嗨球”。“嗨球”主攻体育领域的短视频社交。在孙继海看来，他希望自己创办的“嗨球”能够成为可供运动员们发声的渠道和强化运动员与粉丝之间联系的纽带，并借此平台培育出成熟的足球文化。目前，孙继海利用电话沟通、微信交流等方式，已经成功邀请了超过300名职业运动员入驻“嗨球”。

孙继海作为一名曾经的职业运动员，从其退役前的个人履历中，人们丝毫看不出他和短视频有什么交集。然而现在的孙继海，却以“嗨球”创始人兼董事长的身份真真切切地走进了短视频领域。短视频巨大的发展前景由此可见一斑。

值得注意的是，在今日的新媒体领域为人所津津乐道的“网红”，也大多得益于短视频文化的兴起。号称国内“第一网红”的papi酱，在财经界有巨大影响力的吴晓波，成功将知识打造成视频的罗振宇等，都是通过优质、专业的短视频才在各类新媒体上获取了大量粉丝。

科班出身的行业高手也好，半路出家的创业小白也罢，短视频正以无可争辩的热度吸引大量的有识之士投身其中。相信以上列举的这些人绝不是从事短视频创业的全部成员，未来还会有更多的人成为短视频创业大军中的精英。

（2）巨额资本的投入

短视频的崛起不仅吸引了大量人才的涌入，也获得了资本的青睐。在资本方看来，短视频毫无疑问是“离钱最近的新媒体”，既然能为自己带来可观的回报，那么大规模的投入自然就是值得的。于是，在其他新经济形态中多次出现的融资盛宴，在短视频领域再次上演。

2016年3月，通过短视频成为“网红”的papi酱获得了1200万元的融资，该笔融资由真格基金、罗辑思维、光源资本和星图资本共同进行。

2016年11月，中国手机视频行业的“独角兽”企业——一下科技完成了来自新浪微博、上海广播电视台、微影时代共同参与的5亿美元的第5轮融资。这既是一下科技融资历程中单笔融资金额最多的一次，同时也是中国手机视频行业单笔融资金额最多的一次。

如果说 papi 酱和一下科技所获得的融资已经足够惊人的话，那么接下来的统计数据则更会让人瞠目结舌。

> 根据 2016 年短视频内容生态报告的统计，仅在 2016 年一年，有关短视频内容创业的融资已经超过了 30 笔，包括“秒拍”在内的 12 家短视频制作企业在 2016 年全部完成了融资。而在投资这些短视频的“金主”中，不乏红杉资本、华映资本等著名创投基金的身影，其中真格基金、基石资本两家基金在 2016 年全年的短视频投资更是超过了 3 次。

资本之所以如此钟爱短视频，主要还是因为短视频在商业模式转化方面具有更为多样的可能性。随着短视频自身的演进，未来还会有更多的资本参与到这个领域中。

事实上，所谓的短视频（如图 1-3 所示）就是我们通常所说的短片视频，是一种网络内容的传播媒介，通常是在互联网上播放时长在 10 分钟以内的视频信息。随着手机终端的大范围普及和网络环境的改善，以短、平、快为主要特点的短视频内容逐渐获得各类新媒体、粉丝和资本的钟爱。

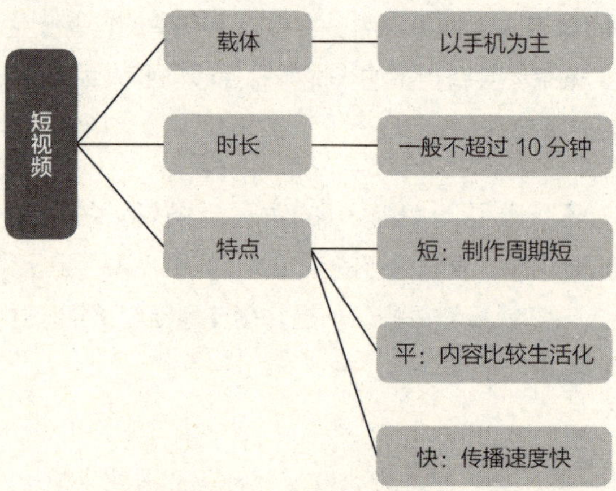

图 1-3　短视频的内在含义

在短短 5 年的时间里，短视频的总播放量从不足 4 亿到现在日常总播放量过百亿，行业内共发生了多笔融资，累积获得了百亿元以上的投资，最终成为规模超过 600 亿元的市场。活在朋友圈和微信群的短视频，不仅已经成为时下用户最为青睐的传播内容，而且其本身也正在进行着更深层次的探索和更广泛领域的对接。广大创业者只要在实践中能对短视频领域的红利进行深刻的认识，并及时把握住短视频这波“离钱最近”的新媒体创业浪潮，那么自己在新媒体领域“长风破浪会有时，直挂云帆济沧海”就不再只是幻想了，而是能够真正实现的愿景。

1.2 短视频繁荣背后的共享经济链

正如滴滴等打车软件，在短短几年内就成了共享出行领域的标杆企业一样，短视频行业从其诞生之日起，就注定了要走共享经济的商业模式。短视频的发布与传播时刻“共享”，短视频内容的变现时刻“经济”。所有参与短视频生产和推广的成员都有机会在这个方兴未艾的领域分一杯羹。短视频作为一种人人都喜爱的传播形式，不仅会深刻地影响共享经济的整体面貌，还会成为共享经济产业中的重要组成部分。可以预见，在未来的共享经济生态中，短视频必将会绽放出越来越耀眼的光芒。

共享经济作为一种“使用而不占有”的特殊商业模式，其产生和发展并不是“无本之木，无源之水”。而短视频这种新型的媒介要想正式切入共享经济领域，更需要在本行业内形成多种有利的条件。从现实的角度来看，今天的短视频领域之所以能形成比较完整的共享经济链，主要还是源于以下4个成熟的条件（如图1-4所示）。

1. 短视频生产过剩

当今的中国经济，早已走出了资源匮乏的时代，且很多领域出现了供大于求的现象。而视频制作就是这方面比较明显的一个领域。一方面，我国现在每年产出的短视频数量数以千万计，而时长更是达到了几十亿小时，这是一个非常惊人的数字；另一方面，创作短视频的主体也从单一化走向了全民化。现在，短视频不仅可以由科班出身的艺术创作人员制作，也可以由非专业的普通人制作。短视频绝对数量的飙升和创作主体的多样化，为短视频内容的共享提供了物质基础。

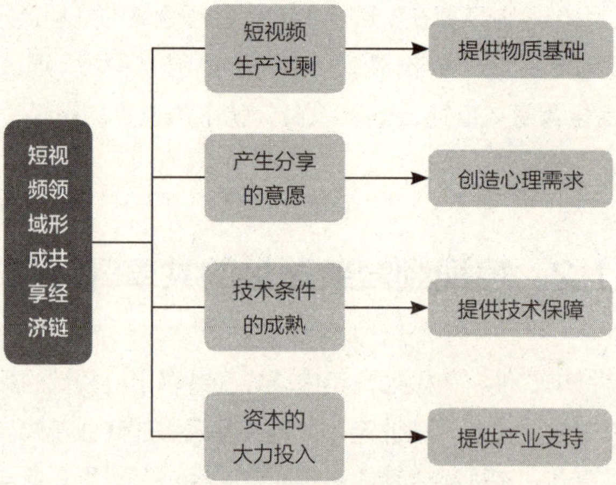

图 1-4　短视频领域形成共享经济链的原因

2. 产生分享的意愿

当内容出现了供大于求的现象时，仅凭某一个用户或是某一个群体显然不足以消化所有的短视频内容，而为了让自己的短视频能够产生更多、更大的价值，同时也是为了提高自己的知名度，向全体民众进行短视频分享也就成了必然。这时，创作者分享的意愿便产生了。

另外，在网络环境中成长起来的“00”后，作为互联网时代的“原住民”，其对待外界的态度往往更加开放。这些短视频的主要参与者无论是在工作中，还是在生活中，都更乐于向外界展示自我，也更乐于在自己和他人之间互通有无。在一个渴望互相了解彼此的环境中，去中心化，就为短视频迈入共享经济创造了心理需求。

3. 技术条件的成熟

一方面，制作和传播短视频的主要载体——手机已经升级到了功能异常强大的地步。今天的手机，无论是运行速度，还是像素配置，无论是便携性，还是电池续航时间，完全可以媲美甚至超过传统的 DV 及相机；另一方面，制作和传播短视频的基础环境——网络也变得越来越优质，无论是宽带速度，还是信号的稳定性都足以胜任短视频的分享需要。可以说，制作和传播条件的成熟，为短视频内容的共享提供了技术保障。

4. 资本的大力投入

得益于巨额资本的强势参与，现在各类新媒体都能将本平台上的各项功能最大限度地简化，这其中就包括短视频分享功能。短视频的创作者只需要先在平台上完成注册，接着将自己的短视频上传，最后直接选择发布即可完成短视频内容的分享，整个过程轻松简单，一气呵成。而这种便捷的分享体验在资金缺乏的情况下，是难以实现的。

同时，投资方为了尽快实现盈利，也为了最大限度地发掘短视频的潜在价值，在对短视频的传播中，也很重视对其进行全民性推广。资本的大力投入，在客观上为短视频行业走共享经济之路提供了产业支持。

常言道：有知更要有行。面对日趋激烈的行业竞争，各个短视频新媒体纷纷使出浑身解数，持续地探索短视频和共享经济相结合的最佳模式。在这一过程中，相关企业不但以自己独特的经营思路丰富了共享经济的内涵，更宣告了短视频全民分享时代的到来（如图 1-5 所示）。

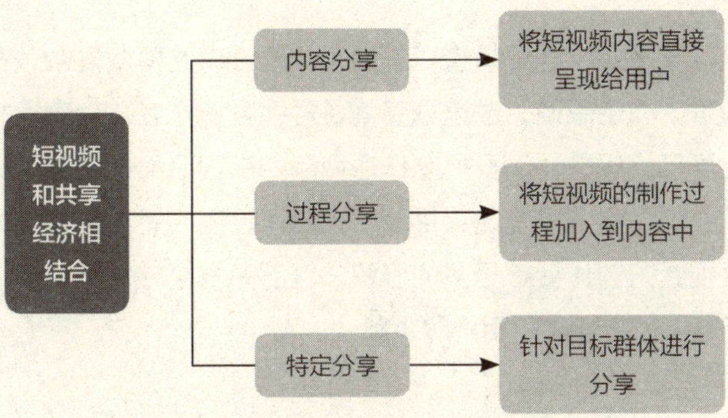

图 1-5 短视频和共享经济相结合的模式

（1）内容分享

作为业界应用最普遍的共享经济模式，将短视频的内容直接向广大用户分享受到了很多短视频新媒体平台的青睐。做好内容，然后呈现给用户，不仅能立即起到“吸睛”的效果，还能带动相关短视频内容的传播。

东北猫新媒体作为东北地区极具影响力的新媒体品牌之一，自 2014 年正式创立以来，累计获得的用户数量已经超过了 2000 万人，累计播放量已经突破了 8 亿次。平均每月产出的各品类短视频数量都在150部以上，平均每月的播放量都在2000万次以上，平均每月的新增粉丝数量都在5万人以上。

例如微博粉丝数量达450万的美食自媒体大号“办公室小野”，自2017年2月开始正式涉足短视频领域。到2017年5月20日，“办公室小野”共发出了16条视频，单条视频的播放量超过3000万，全网点击量超过5亿次。仅仅3个月的时间，“办公室小野”用绝佳的创意、高质量的制作和多样的营销手段吸引了大批粉丝，成为近两年来最成功的爆款制造者之一。2018年1月7日，“办公室小野”获得了首届“金鲛奖”2017年度十佳短视频的荣誉。

“办公室小野”的成功可谓是对内容分享模式的极佳诠释，无论是从其总体的发展表现来看，还是从其具体的案例来看，我们都能看到短视频新媒体分享优质内容获取流量的能力。的确，在“内容为王”的时代，把优质的短视频内容直接分享给用户，并不是简单粗暴的传达，而是适应当今时代扁平化传播趋势的表现。往往内容制作精良的短视频，在分享过程中总会获得良好的效果。

（2）过程分享

相对于手段直接的内容分享模式来说，过程分享要稍微复杂一些，但理解起来也并不是很难。简单来说，过程分享就是短视频创作者在分享短视频时，不仅把最后的成品展示给用户，还要把制作短视频的前因后果一并展示给用户。相较于内容共享模式，过程分享模式只是增加了制作过程的呈现，却能让用户在观看短视频时对短视频的创作者有更多的了解，继而激发好感，所以过程分享模式往往能迅速拉近短视频新媒体和用户的距离。

2016年2月，短视频社交平台“约定”正式对外宣布它完成了由友田资本和青松基金联合提供的首轮融资。该消息一出，迅速在新媒体领域引发了广泛的关注。而在约定首席执行官蒲长翼看来，“约定”之所以能受到投资方的青睐，主要还是在于其独特的过程分享模式。在“约定”这个平台上，用户可以互相提出请求，并把自己从提出请求到请求获得满足的全过程通过短视频的形式呈现给用户。例如，张三邀请李四表演唱歌，李四答应了请求并演唱了一首歌曲，那么其整个过程都能在“约定”上完整地呈现，其他用户不仅能听到李四的歌声，还能感受到张三和李四之间的交流。

作为一家主打社交的新媒体平台，“约定”在对共享商业模式的探索中，独辟蹊径地采用了过程分享的形式。这不仅丰富了短视频的内涵，还激发了用户对短视频主人公的了解欲望，保证了用户持续的关注，继而保证了短视频新媒体平台的流量。

（3）特定分享

尽管互联网的发展正在驱使广大新媒体平台向全民化演进，但是对于短视频新媒体来说，有时候“走得远”倒不如“扎得深”，蜻蜓点水式地对所有用户进行短视频分享，并不能为自己创出知名度。垂直领域的短视频制作与分享，则能在极短的时间内吸引自媒体的关注，这不仅是短视频新媒体影响力的保证，更是流量及变现的保证（如图 1-6 所示）。

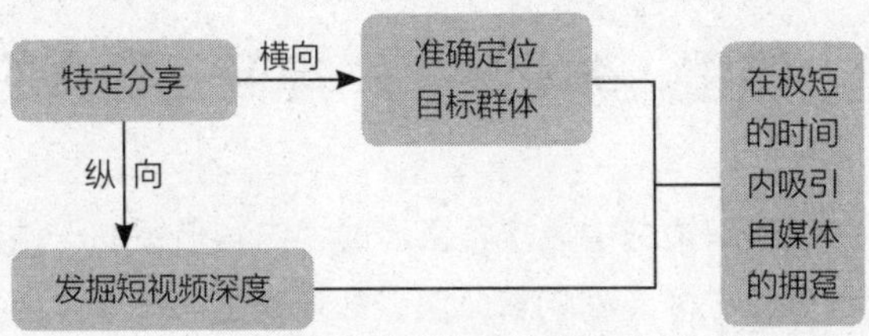

图 1-6　特定分享的内涵

国内知名短视频社区“美拍”自上线之日起，就以服务爱美女性作为自身的特色。无论是其界面上醒目的“美妆”这个关键板块，还是张沫凡 MOMO、poppy 乔小厨、美妆师二言等知名短视频 UP 主，都在时刻体现着该短视频平台的时尚特色。而通过“美拍”发布的毕业季护肤、明星仿妆等短视频更成了时尚女性时刻关注的特色内容。

据相关资料显示，“美拍”正式上线的时间为 2014 年 5 月，但其在上线后的 9 个月内，一举获得了 1 亿多名用户，其用户增速远超微博、微信的用户增速。不得不说，这是一个奇迹，但在这个奇迹背后，却隐含着某种必然。那就是“美拍”对于特定分享模式的坚持。对于短视频新媒体运营者而言，如果自己暂时还没有全民普及的能力，或者短视频的内容不需要向全民普及，那倒不如集中力量，在更熟悉的垂直领域中深耕。这样一来，不但能减少不必要的成本，而且还能在特定的细分领域尽早创出名气。

通过短视频的制作和输出，用户的心情得到了放松、眼界得到了开阔，一些具有艺术天分的人才找到了施展才华的途径，渠道运营商发掘出了全新的业务增长点，商家得到了展示自我的平台，而新媒体平台更是通过各种渠道和广告获得了很多的粉丝和收益。所有的参与者都在日趋繁荣的短视频产业中取得了令自己满意的收获。策划过程共同参与，创作成果共同分享，也许这就是共享经济在短视频领域的本质体现。

不难看出，短视频领域经过过去 5 年的高速发展，已然通过共享经济这一全新的商业模式，对盈利、传播、服务等各个方面进行了重构，让原本只是随性而为的艺术创作逐渐演化为一种完整的经济生态链。在可以预见的未来，短视频领域还会衍生出更多具有颠覆性的共享经济模式。

1.3 视觉、流量、转化率——电商三要素的完美融合

不可否认，在互联网领域中短视频已经成为内容传播的一种重要形式，甚至成了互联网行业乃至整个创业圈的新风口。伴随着来自行业内部的重视，各类企业纷纷加入短视频的创业大潮中，以期分得一块“蛋糕”。然而“蛋糕”虽好，若想得之却不是一件容易的事情，在完成短视频变现的过程中，既需要相关短视频新媒体运营者对平台日常的稳健经营，也需要他们对视觉、流量、转化率三者的细致把握和完美融合。

在阐述视觉、流量、转化率这 3 个电商要素和短视频之间的关系之前，我们应当首先理清这三大要素的内部关系。视觉对应的是感官上的享受，是短视频自身品质的直观体现。而流量对于短视频来说则是用户在认可其视觉呈现后带来的一种自然而然的副产品。至于转化率，其本质上就是对流量的变现。因此，在谈论这三者对短视频的影响时，我们应当把视觉放在最前面，再把流量放在中间，而转化率则应放在最后进行阐述（如图 1-7 所示）。

1. 视觉之于短视频：对外宣传的“敲门砖”

当用户点开一个短视频时，呈现在其眼前的，首先是短视频的内容，也就是行业内部通常所说的视觉呈现。在拥有短视频的新媒体平台为用户推送短视频时，炫酷而富有美感的视觉呈现不仅能带给用户极大的视觉冲击，更能为新媒体平台本身带来良好的效益。可以说，视觉呈现之于短视频，就好比是后者在对外宣传过程中的“敲门砖”。

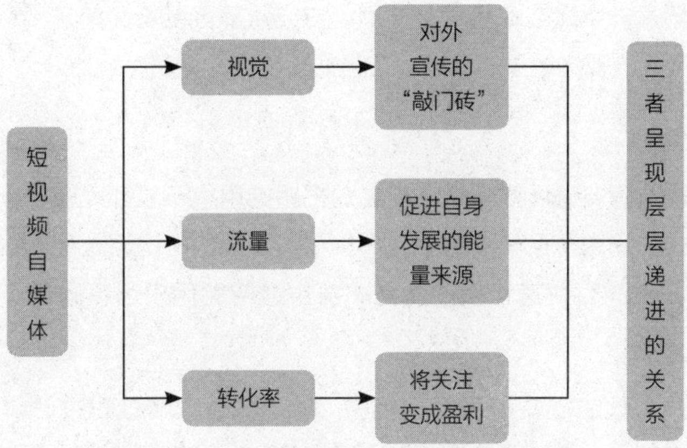

图 1-7 电商三要素对短视频新媒体的作用

一方面，从短期来看，优美的画面能够带给用户视觉上的享受，继而使之沉浸其中。这样就能在极短的时间内迅速引起用户关注，特别是急需“冷启动”的新组建的新媒体，让短视频的画面更有吸引力就好比是战场上的第一仗，首战必胜。另一方面，从长期来看，“画风”独特的视觉呈现，可以使短视频新媒体在用户心中形成特有的印象，这样不仅能够增强用户对新媒体的黏性，还有利于塑造新媒体的品牌个性（如图 1-8 所示）。

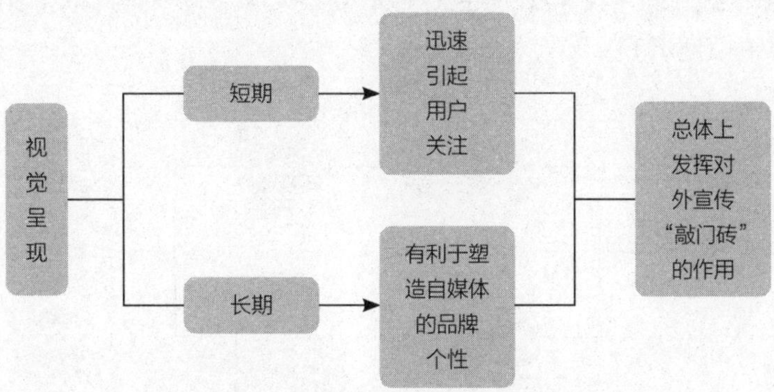

图 1-8 视觉呈现对短视频的意义

作为新媒体在运营短视频业务中的第一步，运营人员在对视觉呈现进行优化时，必须把握好短视频视觉呈现的两个特点。

（1）简

“简”是指环境简单。短视频不同于电影，既不需要纷繁复杂的情节，更不需要宏大的场景。所以在拍摄背景方面，应当从简。但是简单并不意味着简陋，为了呈现出良好的视觉效果，运营者应当把环境布置得富有质感。

（2）快

“快”是指情节进展节奏快。观看短视频的用户一般都比较缺乏耐心，但又希望在较短的时间内了解一个故事或一种知识。轻快的画面呈现无疑能够迎合用户的这种需求，同时快速切换的画面本身也能带给用户目不暇接、意犹未尽的感觉。

为了让短视频的视觉呈现更富吸引力，同时也为了让短视频具备“简”和“快”这两个特点，短视频新媒体既要通过各种技术手段把短视频的画面做出精致的感觉，增强画面质感，又要将现实场景和虚拟动画场景结合起来，使视觉呈现效果更生动。

2. 流量之于短视频：促进自身发展的能量来源

互联网行业一直强调“流量为王”，这一点对于短视频新媒体来说同样重要。一方面，充沛的用户流量意味着关注或了解短视频新媒体的用户较多，这可以直接提升短视频新媒体的知名度和影响力。另一方面，足够多的流量也是短视频新媒体进行广告投送、内容电商、企业并购，乃至与其他新媒体同行竞争的物质基础（如图 1-9 所示）。

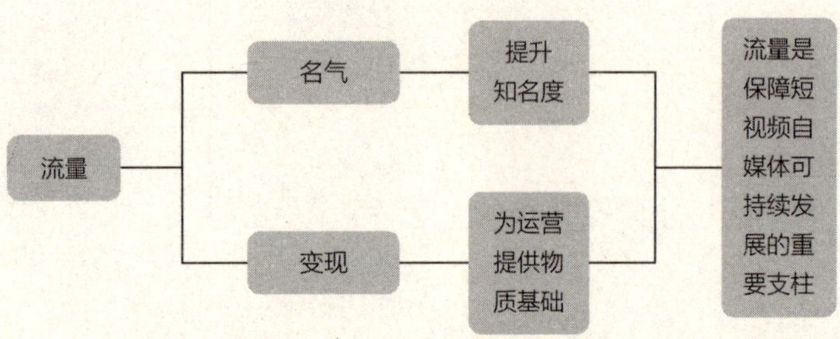

图 1-9　流量对于短视频的意义

无论是从增加名气这个“务虚”的角度，还是实现变现这个“务实”的角度，流量之于短视频，毫无疑问是促进其发展的能量来源。而这种关键作用，也就注定了任何一家短视频新媒体都必须将通过发布短视频来为自己带来流量，当成一项必须做到的基本功。

然而，正如罗振宇在某场演讲上所说的那样，中国国民的总时间到了今天，已经达到了饱和，从今往后很难再有新增的流量了。当今短视频创业领域的实际情况，也印证了这个悲观的说法：短视频领域的流量开始越来越多地向头部聚集，内容深度化、专业化的新媒体得到了用户更多的偏爱。面对严峻的形势，短视频新媒体必须采取更有针对性的措施，以争取有限的流量。

从当前的形势来看，要想稳定地获取流量，短视频新媒体的从业人员至少要做到以下两点。

（1）为短视频拟一个富有吸引力的标题

正所谓“每个人都是充满好奇的宝宝”，每个人都有猎奇心理，当短视频的标题具备了神秘感甚至是悬念时，用户自然会出于好奇心一探究竟，这时流量便产生了。

（2）拓宽短视频的题材选择范围

纵观当前的短视频领域，以情景喜剧为主的泛娱乐内容无疑占据了绝大部分，然而总是在短视频里表演段子难免会让人感到乏味。同时，人们对和自己生活息息相关的美食、健身等题材还是存在一定需求的，所以短视频新媒体运营者如果能够让自己的短视频涉及面更广一些，就可以获得更可观的流量。

3. 转化率之于短视频：将关注变成盈利

根据专业机构的统计，早在网页端互联网时代，有视频的网络媒体的流量转化率往往要比没有视频的网络媒体高出两倍还要多。而到了今日这个资讯异常发达、信息极度过剩的移动端互联网时代，短视频更是成了各类新媒体获得流量转化的标配手段。在此背景下，短视频新媒体运营者应当时刻思考的不应是是否进行转化，而应是怎样加快转化。

和传统的电视媒体、纸质媒体一样，在互联网世界备受欢迎的新媒体从本质上来说，依然是企业。既然是企业，那就必须考虑盈利。作为短视频新媒体核心产品的短视频，更应该起到提升转化率的作用。事实上，短视频存在的最终意义，就是充分地呈现信息，建立和用户之间的黏性，继而刺激变现。

作为互联网行业公认的“离钱最近的媒介形式”，短视频在流量转化、内容变现方面具有不可比拟的优势。一方面，和传统的图片、文字等媒介相比，短视频可以凭借更低的成本和更广维度的用户建立连接。另一方面，和网络中的另一个媒介——直播相比，短视频占用用户的时间较短、重复率更低、灵活性更高，备受有推广需求的企业青睐。

短视频领域的火爆，从侧面反映出移动互联网从早期的工具属性转变为平台属性的趋势，而这个转变过程正好为多样化的变现模式创造了产生和发展的条件，而新的变现模式也在一步步影响传统变现模式的升级换代。从短视频领域目前所处的发展阶段来看，短视频领域还没有形成一套成熟稳定的流量转化体系，不过这并不影响短视频领域的“领头羊”企业对商业变现道路的探索。在这方面，“一条”“罐头视频”两家短视频新媒体可以说是率先垂范的典型代表。

2016年8月，“一条”旗下的“一条生活馆”正式上线。“一条生活馆”本质上是个手机购物平台，通过这个平台，“一条”的用户可以购买各种商品。无论是日用百货还是家具，无论是电子产品还是护肤用品，甚至是线下的培训课程和旅游产品，用户都能在“一条”的专属卖场上找到。实际上，“一条”已经和线下的500多家供应商达成了合作共识。

“一条”通过搭建电商平台进行流量变现，可以说，这是当今短视频领域最直接、最常见的变现方法。不过与纯粹的电商不同的是，依托生活美学性短视频建立起来的“一条生活馆”，更像是一种兴趣电商。

和“一条”简单的另建电商平台不同，“罐头视频”在流量变现方面，走的是和短视频内容制作息息相关的商业定制广告之路。

在广告定制业务领域，“罐头视频”已经完成了和九阳Onecu咖啡机，京润珍珠面膜等多个品牌的商业定制广告制作播放任务。通过和这些知名品牌的营销合作，二更不但获得了可观的收益，而且自身的品牌知名度也得到了提高。

“罐头视频”为知名企业定制广告，既赚到了钱，又赚到了名，真可谓名利双收。事实上，不管是兴趣电商模式，还是广告定制模式，对于短视频新媒体来说，都是从短视频的角度切入，通过高品质的内容获得用户和流量后，再将其进行变现的标准商业化方式。只要能够高效率地转化，那么任何方式都值得一试。

对于短视频新媒体来说，短视频带给用户的首先是视觉上的震撼，在此基础上，用户开始为本平台提供流量，伴随着这个过程，用户的身份从初始用户到核心用户的转化便得以实现，这便是视觉、流量、转化率这 3 个电商要素完美融合的具体体现。视觉、流量、转化率三者并不是完全孤立的，而是互相促进、互相影响的。我们身处的商业环境正变得越来越“年轻”，对从短视频生产一直到最终转化为收益的商业模式的探索也应该与时俱进、时刻创新。

1.4 新碎片时代的电商流量逻辑

众所周知，我国已经全面迈入移动互联网时代。据权威数据显示，国内移动互联网用户的规模早已超过 8 亿人。从现实的角度看，人们利用手机时刻开展社交、网购、阅读、观影等在线行为早已不再是新鲜事。而这种客观环境的变化，在带给短视频新媒体大量流量及用户的同时，也带来了前所未有的挑战——新碎片时代正在到来。

1. 当今社会总体上进入了碎片化时代

技术的进步、经济的发展以及信息的极度丰富共同造就了当前中国社会碎片化的发展趋势，并且这种发展趋势已经渗透到了人们日常工作和生活的方方面面。从客观上讲，碎片化是广大民众适应今天日益紧张的生活节奏的需要。从主观上看，碎片化是广大民众追逐自我、追逐个性的必然结果，而智能手机的大范围普及更从硬件层面加快了碎片化来临的进程。现今，人们每日接收和处理的信息要比过去高出许多倍。基于这种现实，我们正处的这个时期被称为“新碎片化时代”。

互联网进入碎片时代，这并不是耸人听闻，而是客观现实。在当今的网民群体，特别是以“80 后”“90 后”为代表的年轻网民群体中，依托不同载体、不同时间乃至不同地域的无意识活动已经成为互联网体验的主流现象。在这一过程中，用户的注意力已被如巨浪般涌来的信息冲击得七零八落。而仅凭残存下来的注意力，显然不足以支撑他们在日新月异的网络世界中对某一个信息乃至某一个媒体产生长久而稳固的黏性（如图 1-10 所示）。

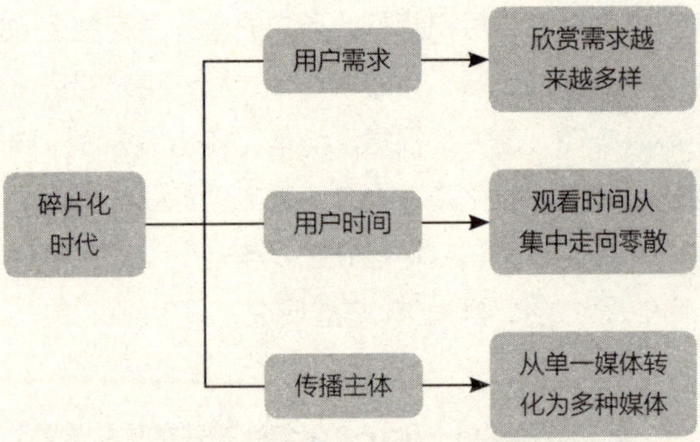

图 1-10　当今社会总体上进入了碎片化时代的表现

在一些初入新媒体领域的从业人员看来，短视频的时长最短不过三五分钟，最长也不过十几分钟，占用用户的时间极少。同时，大多数新媒体均依托于移动互联网，也就是手机端，用户可以随时随地观看和转发。这种在时间与空间上的固有优势，使得很多短视频从业人员认为，自己并不需要刻意去了解新碎片时代下短视频观看者的观看习惯，也不需要为应对新碎片时代专门去探索相关的流量获取模式。事实上，这种认知是非常错误的。

短视频在传播方面独到的优势固然能为短视频新媒体带来一时的红利，但是仅凭这种红利显然不能帮助其稳定而持久地吸引粉丝、获取用户。一方面，日渐零散的时间并不允许用户在欣赏短视频之外再和拥有短视频的新媒体平台有长久的沟通，这就断绝了拥有短视频的新媒体平台单纯依靠短视频获得用户黏性的可能。另一方面，用户喜好的变幻莫测也不可能让拥有短视频的新媒体平台凭借自以为很火的短视频主题就牢牢地吸引住流量（如图 1-11 所示）。

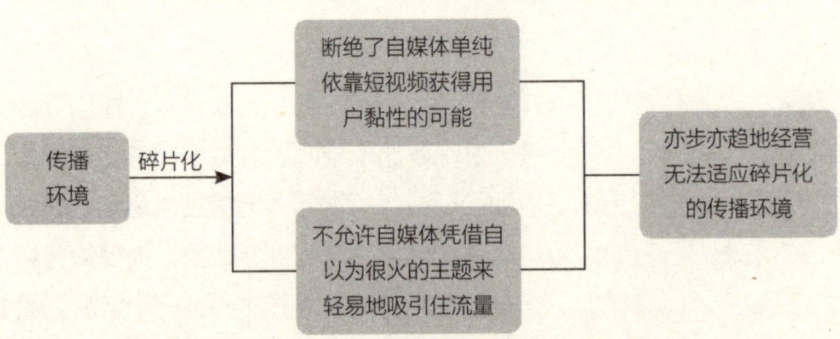

图 1-11　碎片化时代下短视频新媒体面临的严峻形势

所以，对短视频新媒体来说，在短视频制作过程中加入“噱头因素”也好，在短视频发布过程中大造声势也罢，都不过是围绕短视频本身做的一些表面文章罢了。如果短视频新媒体在日常运营中只是一味地埋头创作短视频内容，单纯地追求创作高质量、高品质的内容，全然不顾新碎片时代“山雨欲来”的客观形势，那么必然会导致自己的运营进入“死胡同”。作为新媒体尤其是短视频新媒体来说，其仅仅创作内容还是不够的，还需要运用多种手段吸引碎片化时代的流量。而如何找到新碎片时代的电商流量逻辑才是对一家新媒体真正的考验。

2. 短视频适应碎片化时代来获取流量的方法

基于多年从事新媒体行业的经验和深刻观察，笔者在这里为大家总结了两种适应新碎片时代获取流量的方法。

（1）打破常规

伴随着资本和人员的大量投入，短视频行业内容同质化的现象日益严重，当所有短视频的呈现都千篇一律时，很容易引起用户的无聊感。在新碎片化时代，用户更不可能把有限的时间和精力放在这些平庸的短视频上。反过来说，如果相关新媒体能够制作出打破常规的短视频，那么必然会给用户造成眼前一亮的观感。

2017年2月，一段“将工位当作厨房”的美食短视频迅速传遍了整个微博和朋友圈。在这段视频中，主人公将一根蜡烛点燃，当作煮火锅的“灶具”，将电脑的机箱打开，当作摊煎饼果子的“平底锅”。不仅如此，她还用地砖来煎牛排。

这段办公室“花式烹饪”的短视频一经播放，迅速引起了很多上班族群体的关注和议论，人们纷纷在该视频的创作者“办公室小野”的微博界面发表评论。短短一周的时间，“办公室小野”的微博界面已经积累了超过1万次的点赞和转发，而该视频的累积播放量更是超过了1500万次（如图1-12所示）。

根据事后统计，这段“将工位当作厨房”的短视频凭借惊人的播放量，不仅在绝对数量上打破了同期“第一网红”papi酱短视频所创造的五连冠纪录，还在综合分数上超过了papi酱。一个名不见经传的作者竟然凭借一个情节简单的短视频就能获得如此巨大的成功，其内在原因正是对打破常规的实践。工位在世人眼中就是用来办公的地方，除此之外，别无他用。但“办公室小野”却敢于颠覆这种认识，直接将工位当作厨房，并且还真的做出了美味的食品，这怎能不引发用户的好奇和关注？

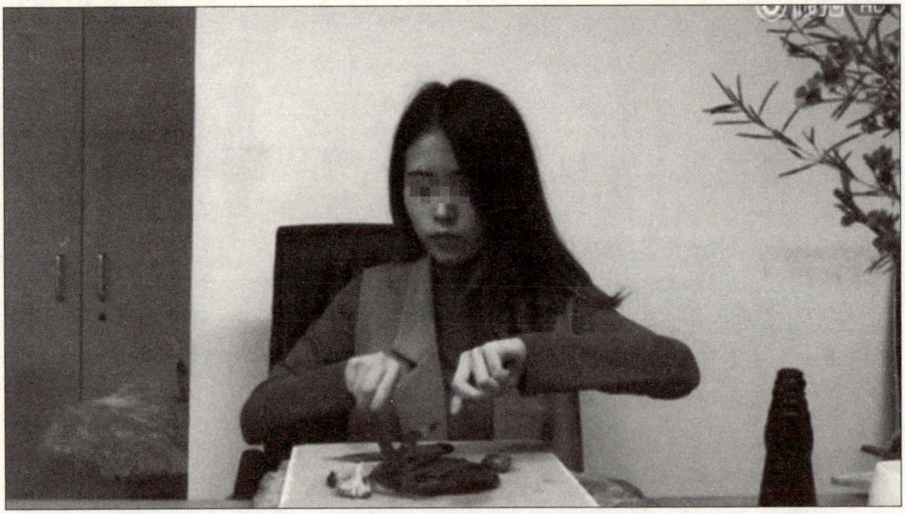

图 1-12 “办公室小野”用地砖盛放牛排

（2）深入发掘热点

时事、娱乐新闻、时尚美妆等题材一向是短视频内容选择的热点，关于这些题材的短视频在网上更是数不胜数，但真正有深刻内涵的短视频却寥寥无几。绝大多数短视频对热点的呈现仅仅停留在外在表现上，根本没有进行深入解读。在注意力越来越碎片化的当下，用户对内容的深度要求肯定会越来越挑剔，内容浅显的短视频不可能吸引用户的关注，而只有能深入挖掘热点、带给用户更多启示的短视频，才能让用户在大呼过瘾的同时为其公众号引流。

papi 酱吐槽式的短视频刚在网络上火起来的时候，一个叫艾克里里的“时尚博主”引起了很多年轻人的关注。艾克里里本身是时尚圈出身的，早已在短视频领域发布了不少作品，但他真正被众人熟知应该是在 2015 年 9 月，他配合小学生化妆大赛的话题，发布了一条用公交卡、马克笔等工具化妆的搞笑短视频。这个短视频发布后，瞬间引来数万人的关注，艾克里里也因此收获了上百万的粉丝。

短视频领域中涉及时尚美妆的内容有很多，但艾克里里却不按套路出牌，发布了一系列奇奇怪怪的妆容短视频。在某种意义上，艾克里里的短视频就是发掘出了时尚美妆题材的一个新的热点。

打开艾克里里的微博账号，可以发现其推送的短视频内容常常使用自黑的口吻，画风奇特、幽默搞笑；每条短视频的播放量都达到上千万次，并且不断刷爆微博平台。

时尚美妆题材作为时下年轻人讨论的话题，一直以来都是一个值得关注的热点，网络上关于时尚穿搭、化妆的短视频更是不胜枚举。然而，在时尚领域能像艾克里里这样有较高播放量的新媒体却不多。其中的原因很简单，就是大部分的时尚美妆短视频都是以“美”为主的，用户对这类短视频的新鲜感在不断降低，加之审美视觉的疲劳，因此不会有太大的触动。而艾克里里却打破常规，深入挖掘时尚美妆的热点，以“丑”为主，颠覆了以往的审美标准，从而刷新了人们的视觉感观。面对这样新鲜奇特的内容，用户自然会被深深吸引。

1.5 大数据时代让短视频有了更多的可能

伴随着经济的发展和技术的进步，大数据时代已经悄然来临。对于短视频新媒体运营者来说，大数据并不应该成为谈笑风生时的虚妄谈资，也不应该是停留在纸面上的未来企划，而应是从现在开始就积极把握的战略级技术。因为无论是从用户的层面，还是从新媒体经营的层面，新媒体运营者必须靠大数据技术提高自己的经营效率。一句话，大数据时代让短视频有了更多的可能。

根据短视频新媒体的社交特征，我们可以分析出大数据应用的必要性源于增加用户、社群黏性的需要。

人作为一种社会性极强的高级动物，自始至终都身处于某种社群之中。在一个小区里，孩子们普遍喜欢在小区的广场上玩耍，而大人则喜欢待在家中休息或是做家务，这便是两种不同的社群。而互联网的兴起让人们从更广泛的时空中建立起了更多、更复杂的社群。对于短视频新媒体来说，其用户就是一个社群。

然而，要想科学地认识自己的用户社群，并提高用户社群与短视频新媒体的黏性，并不是一件容易的事情。一方面，从静态的角度来看，用户社群的人数庞大，社群中不同用户之间对短视频的喜好类型、观看习惯各不相同。即便是有相同志趣的用户，在实际接触短视频新媒体时，在具体行为上也会有些许的不同，而新媒体运营人员也不可能做到实时跟踪。另一方面，从动态的角度来看，同一个社群中的用户对短视频的偏好和欣赏习惯也会时刻发生转变。要想捕捉到这种变化的信息，依靠传统的技术手段根本做不到。

面对内在复杂而又处在时刻变动中的用户社群，只有运用大数据技术，才能对这个去中心化和自组织化的环境进行抽丝剥茧的剖析，继而根据统计出的数据找到增强用户黏性的方法（如图 1-13 所示）。

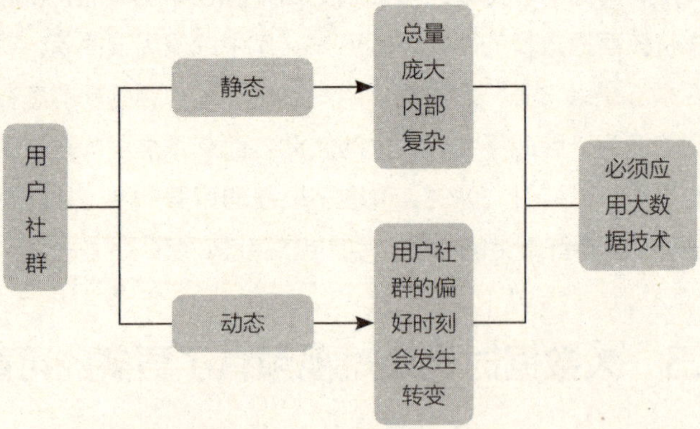

图 1-13　大数据应用的必要性源于增加社群用户黏性的需求

短视频新媒体在日常运营中对大数据技术进行科学而充分的运用，不仅能够在后台分析用户时做到有据可依，还能在前端进行信息投放时做到有的放矢。具体来说，包括以下几点。

1. 数据统计层面

数据统计是大数据技术在各种行业应用时最基本的功能，短视频领域也不例外。就短视频新媒体而言，运用大数据技术进行数据统计，主要是围绕用户这个运营核心进行的（如图 1-14 所示）。

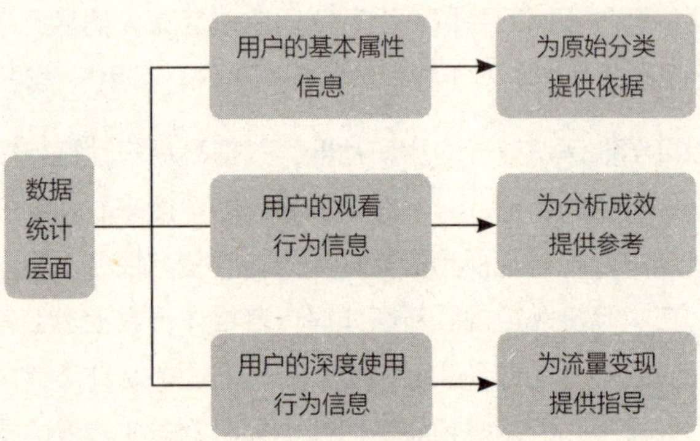

图 1-14　数据统计层面的要点

（1）用户的基本属性信息

用户的性别、年龄、所处地域，以及用户在观看短视频时所采用的终端工具、所处的网络环境类型（是4G网络还是Wi-Fi）等信息都可以通过大数据技术来获得。对于短视频新媒体来说，越早得到用户的基本信息，就能越早对用户进行分类，这能为后期进行更细化、更具针对性的用户分类提供最基本的素材。

（2）用户的观看行为信息

在掌握了用户的基本信息之后，接下来短视频新媒体运营人员就要对用户在实际观看过程中的行为进行量化统计了。这其中就包括用户从登录账号到退出短视频应用的准确时段，以及用户活跃度的情况。其中，用户活跃度的情况要包含相关用户活跃的天数和每天活跃的时间等。之所以要对用户观看和活跃的时间进行如此细化的统计，主要目的还是便于短视频新媒体高效地安排短视频的播放顺序和新视频的发布时间。

利用大数据技术对用户的观看行为信息进行统计的另外一个方面就是用户观看的内容，这包括用户在一定时间内观看短视频的所有类型，以及这些类型内部之间的比例。对用户观看的短视频内容进行准确的统计，可以让短视频新媒体直接掌握用户的喜好和属性。这不仅有助于运营者有针对性地推送短视频，还能在源头上为短视频的创作提供科学的引导。

（3）用户的深度使用行为信息

对于短视频新媒体的核心用户，运营人员除了要对其基本信息和日常观看行为信息进行大数据统计外，还必须对其深度使用行为信息进行专门的统计。这其中包括用户搜索短视频的行为，以及在观看短视频中的点赞、转发、评论等行为。当然，对用户通过观看短视频在新媒体平台上直接进行消费的行为更要进行细致的统计。

深度使用行为不仅关系到核心用户的维护工作，更关系到短视频新媒体的流量变现和整体的经营效益。所以，在对这些信息进行大数据统计时，运营人员务必要做到准确、翔实。

值得注意的是，尽管用大数据技术进行数据统计的主要对象是用户，但这并不意味着短视频新媒体把关注点完全放在用户身上即可。事实上，一家短视频新媒体的经营状况不仅直接取决于用户的情况，还会受到整个领域的影响。因此，为了进一步提高自己的运营效率，新媒体在有余力的情况下还应该对自己的合作伙伴甚至竞争对手进行实时的大数据统计。

2. 实际运营层面

在完成了数据统计层面的工作之后，接下来需要短视频新媒体运营人员做的，就是将统计数据结果运用到日常的运营过程中。毕竟数据本身不可能自动转化为效益，运营者要通过各种途径将结论外化为行动。

（1）智能推荐

根据对用户基本属性信息、观看行为信息的梳理和分析，运营人员可以筛选出最受用户欢迎的短视频类型，继而将这类短视频单独挑选出来，放进新媒体界面上的推荐栏中，这样就实现了内容推荐的智能化。

（2）智能广告投放

在通过大数据技术全面掌握了用户信息之后，新媒体运营人员可以根据用户的需要和喜好有针对性地安排广告的投放，包括投放时间、投放形式和广告内容的选择等。

（3）营销开发

凭借对用户深度使用行为信息的分析，新媒体运营者可以科学、高效地策划营销活动。通过大数据技术的统计，运营人员可以将营销活动的主题、形式、时间与用户的习惯、爱好一一对应。这样策划出来的营销活动，不仅能直击用户需求，还能减少不必要的成本。

（4）营销效果量化

在营销活动结束之后，需要评估营销效果时，新媒体运营者依然可以运用大数据技术。一方面，量化后的统计数据可以直观地反映营销活动的成效，便于运营者比较。另一方面，量化后的数据还可以作为实用的经验，为后续的营销活动提供富有价值的借鉴。

（5）用户互动

不管是微信公众号，还是微博、贴吧，当今的短视频新媒体要想持续地吸粉，就免不了要和用户互动。在互动过程中，如果运营者使用事先通过大数据技术总结出来的有效方法与用户进行交流，不但可以迅速获得用户的认同，而且还可以更直接地把握住用户的需求。

无论是理论层面还是实际层面，大数据对短视频领域的巨大推动作用都得到了验证。新媒体运营者通过对大数据信息的整理和分析，能够高效地实现信息流和经营之间的连通。只要对潜在的数据资产进行有意识的发掘，其自身就可以转化为显性的收益。因此，在大数据时代，短视频新媒体应当充分认识大数据技术对于自身的价值，并在实践中充分运用。

第2章

短视频创业：内容创业的下一个风口

02

无论是 papi 酱拍出 2 000 多万元的代言，刷新了世界广告史上单个广告费的最高纪录，还是“陈翔六点半”得到国际投资基金的千万元级融资等，短视频行业传来的一个个振奋人心的消息，已经引起了创业圈的关注。而短视频特有的低门槛优势更让不少创业者跃跃欲试。正如今日头条的创始人张一鸣所说，短视频将以势不可挡的趋势成为内容创业的下一个风口。只要对平台、内容进行细致的深耕，那么任何人都有机会书写自己的荣光！

2.1 认识短视频平台的类型

对于理性的短视频创业者来说，要想让自己在创业的道路上行稳致远，就必须踏踏实实地走好每一步。而这其中的第一步就是搭建平台，继而横向扩张超级 IP 孵化“小号”。从目前短视频领域的发展趋势来看，我们将短视频按照平台的作用分为以下几种类型。

1. 内容推荐平台

该类型中具有代表性的当属今日头条、优酷、爱奇艺等视频平台和新闻资讯类平台。它们的主要作用就是对上传到该平台的短视频内容进行推送，只是作为内容的提供者。内容推荐平台的最大特点是平台本身就积累了大量的用户，用户黏性强。

因此，很多短视频栏目都选择在这些平台上发布视频。内容推荐平台虽然有大量的原始流量且用户质量极高，但是有利就有弊，优质的平台对内容的审核要求也是极高的。短视频团队要想获得在这类平台的视频投放，要经过多个环节的筛选，只有符合条件的短视频才能被推荐到平台上进行播放。

在这类平台上发布内容，短视频团队获得的利益主要来自渠道分成、内容贴片、广告等途径。虽然这类平台能给短视频团队提供丰富的资源和福利，但是无法让短视频团队进入社交圈，也就无法让短视频团队突破平台发展的固定模式，进而完善平台模式。这也是很多短视频原创团队无法在该类平台上建立起自己的品牌效应的原因。

2. 社交分享平台

社交分享平台是主要用于日常交流的平台，我们常见的如 QQ 空间、微信、新浪微博等都属于这种平台。这些平台主要是供用户娱乐、社交、互动的，并非专业的短视频投放平台，但是越来越多的短视频栏目选择在这类平台上发布短视频。其中最大的原因就是，这类平台信息传播速度快，覆盖用户范围广。且这类平台在用户的日常生活中使用频率高，用户对这些平台中的内容关注度高。因此，社交分享平台成为短视频发布的又一渠道。

虽然都是内容的提供者，但是与内容推荐平台的区别在于，社交分享平台本身不给短视频内容提供流量推荐。当然，这其中不包括新浪微博，我们都知道，在微博上发布任何内容，只要创作者愿意花费一定的金额，平台就会进行不同程度的投放推广（如图 2-1 所示）。

在大部分的社交分享平台上发布视频内容，主要是依靠用户的转发分享来获得点击量。而且由于这类平台社交性、互动性强，非常有利于短视频形成自己的品牌效应和影响力。最典型的 papi 酱、日食记等的原创短视频，就在新浪微博上获得了大量粉丝，非常受欢迎。

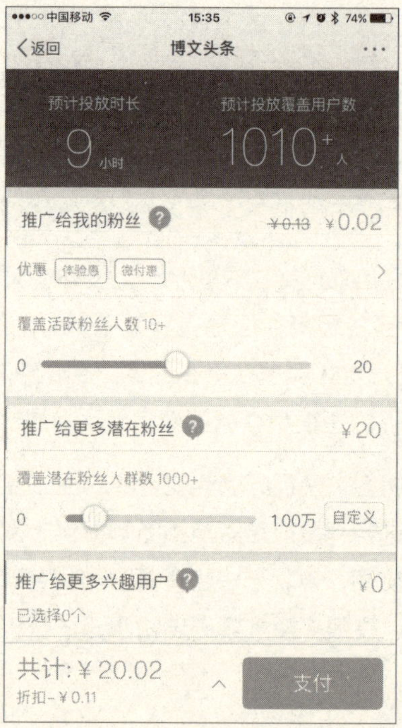

图 2-1　微博推广支付界面

3. 综合短视频平台

以上两种类型的短视频平台主要是起到“搬运工”的作用。而综合短视频平台，除了具有内容传播分享和社交的作用之外，还包括对短视频内容的制作。可以说，综合短视频平台集合了上述两种平台类型的多种作用。

这类短视频平台是社交与 PGC（Professionally-generated Content，专业生产内容）以及 UGC（User-generated Content，用户生产内容）模式相结合的多元化形式，用户在这类平台上既是内容的生产者，也是内容的观看者。常见的综合短视频平台有美拍、秒拍、快手等。

用户在这类平台上不仅可以浏览他人的短视频并进行互动、转发，还可以利用平台上的工具进行简单的视频制作。这种简单的视频制作，使很多用户都十分感兴趣，也使得这类平台每天都有大量的短视频内容产出。

但是，由于综合短视频平台的侧重点都是围绕短视频的，单一的内容形式使用户对这类平台的黏性并不高，相比之下，用户更依赖于社交平台。除此之外，短视频内容同质化严重也是这类平台所面临的一大问题。

在短视频红利时代，同时应运而生了很多相似的平台，造成综合短视频平台之间竞争激烈。因此，搭建这类平台最关键的任务是提高用户的黏性。短视频创业不是一件容易的事情，要想做好并获得长久的发展，就需要处理好每个阶段的任务。

与做内容相比较，做平台虽然更容易在极短的时间内产生巨大的影响力，但是在竞争如此激烈的环境下，平台未来的发展是不可预测的。

2.2 平台创业的 4 个秘诀

对于短视频创业者来说，了解短视频的类型还只是在理论层面上对平台建设有了宏观的认识，而要想真正让自己的平台“搭得起来、立得住”，还必须在微观层面做一些具体而有效的工作。从一些短视频平台（如快手、火山小视频等）的成功经验来看，做好短视频平台的方法主要有以下 4 种（如图 2-2 所示）。

1. 突出平台的人格特征

纵观当今短视频领域做得好的新媒体机构，我们首先会发现它们都有一个共同点：具备人格特征。一方面，整个社会的交流方式和传播方式越来越扁平化；另一方面，用户要求沟通的内容和形式均要更加“接地气”。

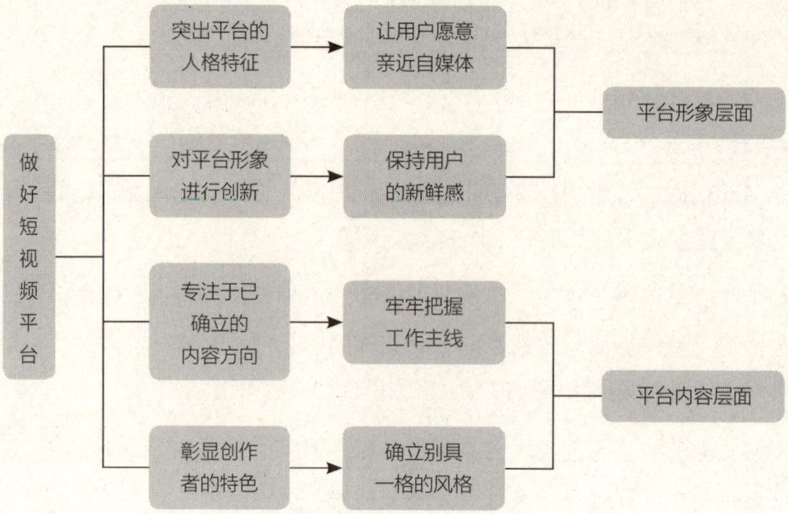

图 2-2　做好短视频平台的方法

在这种大环境下，传统平台较为单一的信息表达形式与较为迟钝的信息敏锐度自然无法受到人们的青睐。只有将短视频新媒体进行拟人化处理，让用户感觉到短视频新媒体是一个有血有肉的“人”，而不是一个冷冰冰的传声筒，用户才会愿意亲近这些平台。这不仅是所有短视频新媒体必须时刻把握的关键点，更是刚刚组建的短视频平台快速站稳脚跟的必由之路（如图 2-3 所示）。

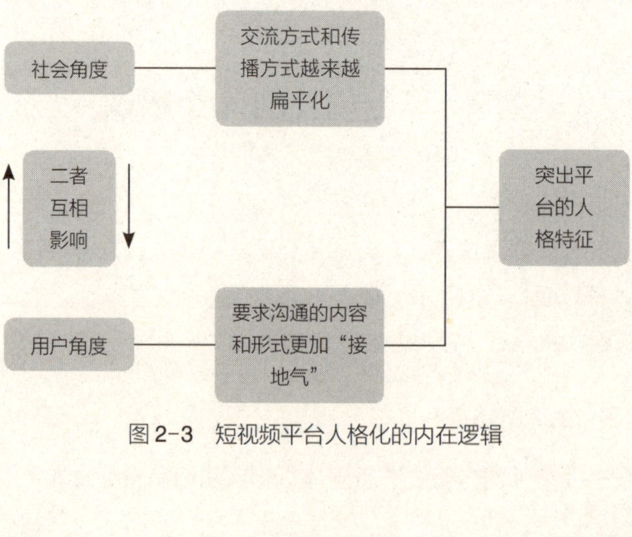

图 2-3　短视频平台人格化的内在逻辑

在突出平台的人格特征方面，papi 酱的表现无疑是最为鲜明的。

只要点开 papi 酱的任何一段视频，映入用户眼帘的首先是其大龄女青年的形象，接着就是她连珠炮式的各种吐槽，无论是对时事的评价，还是对生活琐事的探讨，都非常“接地气”。在 papi 酱如“邻家大妞”的持续影响下，用户已经渐渐认可了这位“集美貌与才华于一身的女子”。

有人将 papi 酱的成功归功于其真实而不做作的表演，而“真实”正是短视频平台作为“人”的重要表现。对于短视频新媒体的创业者来说，在平台创立初期就应该对平台进行人格化，哪怕在一开始用户还不适应，但久而久之，用户自然会认同短视频平台的人格形象。

2. 对平台形象进行创新

目前来看，对平台形象进行创新主要有两个思路：一是对平台的主播形象创新，在这类短视频中，主播的人数都是由一人变为多人，而且往往还是有男有女。二是平台传播形式的创新，在这类短视频中，主播要么就是采用新闻联播式的模式向用户宣告消息，要么就是以第一人称——“我”的视角向用户娓娓道来故事的原委。

3. 专注于已确立的内容方向

短视频新媒体并不是电视台，其内容并不需要包罗万象，再加上短视频自身的制作流程相对简单，这就要求创作者必须专注于自己所做的内容方向。例如，你是做电影吐槽的，就专心搜集槽点即可；你是做播报的，专心搜集素材就行。

一般来说，一家新媒体平台只需要突显一项内容即可。先客观地审视自己的情况，在确立了内容和方向之后，再紧紧围绕该方向进行人物、背景、情节、主题等各方面的挖掘。

4. 彰显创作者的特色

不同的短视频创作者有各自不同的禀赋和性格，这种特异性既是创作时的灵感来源，更是展示对外形象、吸引用户流量的杀手锏。特别是在短视频平台建设出现同质化趋势的今天，在平台搭建的各个维度中突出创作者自身的特质更应该成为创业者在创业伊始就坚持的原则。无论创业者是否科班出身，其“音色”都必须要有辨识度。

同时，在对一些社会现象进行探讨的过程中，主播的语言风格也应做到独一无二，以此来彰显平台的特色。在这方面，微信公众号“东北猫”可以说是做得非常成功的短视频平台之一。

2014年5月，由笔者参与配音的短视频“东北猫你瞅啥”一经上线就获得了极大的关注。播放量单日超过100万次，单周超过1 000万次。而东北猫微信公众号也因为这个短视频的热播而在一周之内成为东北地区极大的新媒体传播平台，并一跃成为国内新媒体领域的现象级IP。

“你瞅啥”原本就是一句东北方言，而在创作这段视频的过程中，又用地道的东北腔对“你瞅啥”这类对话进行了详细的解读，在让短视频充满地域特色的同时，又让那些能听懂东北话或是喜欢东北话的用户获得亲切的感受。而以“你瞅啥”为代表的浓郁的生活气息正是东北猫公众号的内在特质。对于其他的短视频创业者来说，肯定也能找到属于自己的地域特色或语言特色，而这些正是为平台加分的闪光点。

2.3 用户和内容“共同进化”

短视频新媒体的生存和发展的核心在于其内容的品质，提供优秀的短视频资源供用户观看是一家新媒体的根基所在。

对于短视频创业者来说，一窝蜂似的扎堆做重复的内容只能造就短暂的繁荣，内容误导更是万万不可行的饮鸩止渴之举。只有真正了解内容、会做内容的创业者，才能凭借满满的“干货”在短视频平台成立的初期就迅速吸引流量，并在不断优化内容的过程中和用户“共同进化”。

由于专业知识的匮乏和实战经验的欠缺，很多创业者在短视频内容运营的初期总是摸不着头脑。想一心做原创，却找不到切入点；想借鉴他人的创意，却又怕出现“狗尾续貂”的尴尬。其实，这些困惑都源于创业者对短视频内容认知的缺乏。要想真正做好内容，首先要了解内容对于短视频新媒体的意义所在（如图2-4所示）。

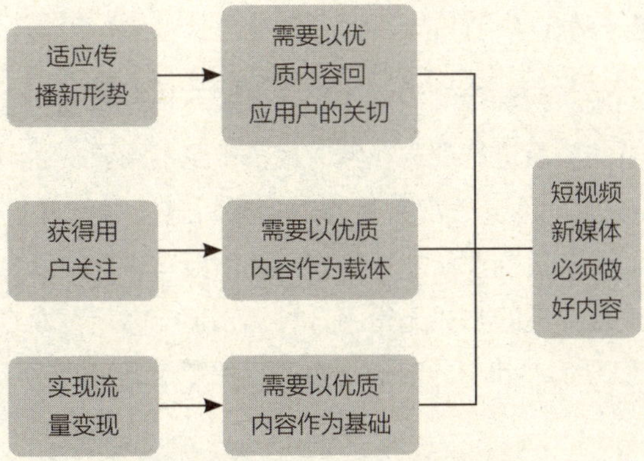

图2-4　内容对于短视频新媒体的意义

1. 适应传播新形势

从2016年这个短视频新媒体行业爆发的元年开始，短视频的传播形势出现了微妙的变化：短视频的生产者和观看者之间的关系由单向的“制作—播出—观看”模式开始向双向的“制作方—内容—用户”互动转移。视频生产者与观看者之间出现的跨界限的互动现象，已经让传统的“你推我看”形式相形见绌。在这种情况下，如果短视频创业者还是坚持传统的自说自话式的内容生产，显然不能获得用户的首肯。而要想适应双向交流的新传播形式，短视频创业者就必须斟酌用户的需要，将内容做好。顺应用户的呼声优先做好内容，这对急需获得第一批种子用户的短视频创业者来说尤为重要。

2. 获得用户关注

对于新组建的短视频新媒体来说，首先，没有可供利用的人气基础；其次，在传播领域也没有足够的曝光率和知名度；最后，也没有雄厚的资金支持。在外部条件都不具备的情况下，优化用户体验就成了必须要做好的事情。而在缺少话题和名人助阵的情况下，对内容本身进行提高，就成了短视频创业者最现实的选择。

与关注知名短视频新媒体时具有强烈的目的性不同，很多用户在关注新的短视频新媒体时往往都是在不经意间完成的。在观看短视频前，这些用户既没有强烈的目的性，更没有对观看体验的心理预期。在这种前提下，如果新媒体的短视频内容立意足够新颖、内涵足够丰富，就能猝不及防地带给用户“惊喜”，从而迅速引起用户的关注。

3. 实现流量变现

在完成了对用户的积累和维护工作之后，接下来短视频创业者需要做的事情就是对用户所提供的流量进行变现。然而相较于免费观看，让用户为短视频新媒体，尤其是刚刚成立、还没有知名度的短视频新媒体付费是一件颇有难度的事情。这时，内容对于流量变现所发挥的作用依然具有决定性意义。目前较为可行的短视频新媒体流量变现的方式无外乎 3 种：兴趣电商、页面广告和付费观看。而这 3 种流量变现方式，都与内容优化息息相关（如图 2-5 所示）。

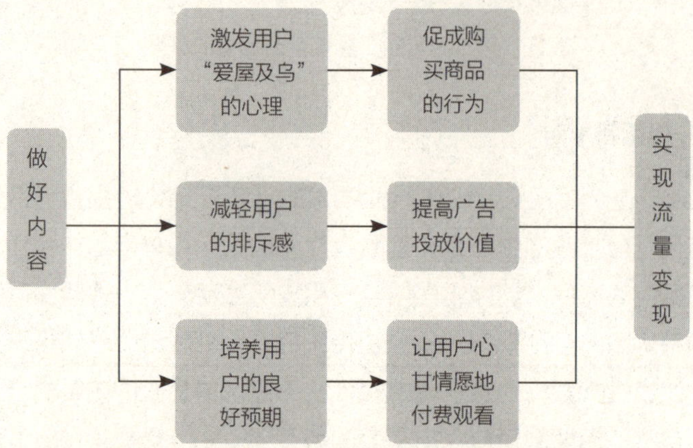

图 2-5　实现流量变现和做好内容之间的关系

首先，只有内容做得足够好、足够打动人心、足够让用户满意，用户才会对短视频新媒体所销售的商品产生“爱屋及乌”的心理，继而触发购买行为。

其次，用户对页面广告具有天然的排斥感，如果新媒体的内容做得不够好又广告泛滥，那就必然会加剧用户的排斥感，继而导致用户的延误和流失，而一个人气流失的平台是不具有广告投放价值的。反之，如果新媒体的内容始终能保持高品质，那么不但其自身的广告投放价值能得到保障，而且用户也不会对广告产生过激的反应。

最后，短视频创业者只有将前期的内容做好，获得用户的喜爱和赞赏，这些用户才会对后期的内容产生良好的预期。在这种情况下开展付费观看业务，用户才能乐于接受。反之，如果在前期内容质量差、“干货”少的情况下就推出付费观看业务，不仅会在舆论方面引起用户的反感，更无法实现短视频新媒体的盈利。

当我们决定做短视频内容创业后，就需要考虑选择什么样的内容类型才能获得持续的发展（如图 2-6 所示）。

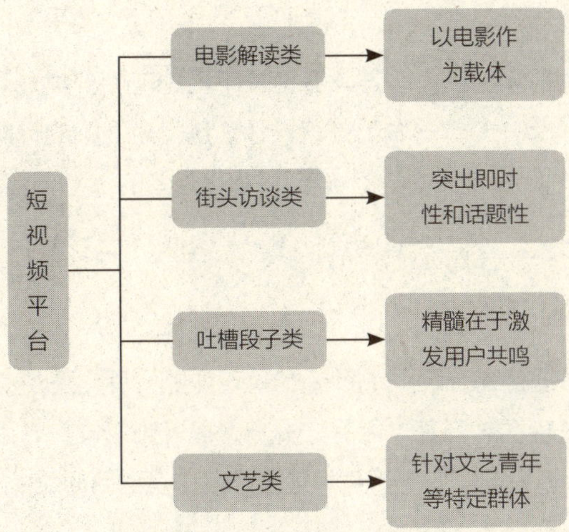

图 2-6 短视频平台类型

1. 电影解读类

电影作为时下年轻人文化消遣的主要消费品，其自身就具有较高的话题性和吸引力，所以解说电影的短视频平台在很早以前就已出现，专门从事电影解说的创作者也不在少数。从出现到成熟，比较成功的电影解读类短视频平台已有 3 种类型。

（1）恶搞

恶搞类短视频平台以戏谑为主要内容，所以对主播的要求就比较宽泛。主播既可以是嗓音醇厚的“大叔”，也可以是带着口音的“萌妹”。在主播的性格设定方面，大部分恶搞类主播都会为顺应平台定位而将自己设定为一个玩世不恭的旁观者。

在信息泛滥的今天，标题的好坏直接决定着用户是否会点开观看。为了快速吸引用户，恶搞类短视频的标题往往都极为简洁直白，并且还有固定的格式。例如，“5 分钟看完 ××× 影片”“××× 带你一览 ××× 电影中的科技”等。

恶搞类代表：谷阿莫、刘哔电影、阿斗归来了。

一些恶搞平台为了追求所谓流量，不惜以低级趣味为噱头，甚至采用疑似违法的手段来迎合某些观众不健康的猎奇心理，对短视频行业的发展造成了不良影响。

（2）盘点

电影盘点类短视频的创作者通常会根据不同的电影分类，对同属一种类型的电影进行集中梳理，并向用户做出重点推荐。这类短视频的标题设定也有一些固定的模式，例如“10 部经典的科幻电影”“盘点著名的 ×××× 类影片”等。

电影盘点类代表：电影 TOP10、龙斌大话电影、电影家。

（3）形式创新

电影的内容是固定的，但人的解读却是可变的。面对恶搞类短视频已经趋于泛滥，以及盘点类短视频已基本用尽的情况，抛开电影本身，而对解读的外在呈现进行创新和改造，就成了电影解读类短视频创作者的新思路。

形式创新类平台代表：瞎看什么、独立鱼电影。

总体来说，在电影解读这个大类中，恶搞类、盘点类短视频平台的市场正在趋近饱和，而形式创新类短视频平台才刚刚出现，并且正受到用户的欢迎。创业者要想从事电影解读，从形式创新类短视频入手要相对容易一些。

2. 街头访谈类

街头访谈类的采访对象非常宽泛，也非常好找，一般都是在校大学生或是在商圈逛街的路人等。同时，由于这类短视频的主要内容都是由被采访者提供的，无须创作者进行单独创作，所以内容制作的难度也比较低。需要创作者做的，就是发现话题、设计话题，并时不时地对观众进行有意识的暗示和引导。

这种视频是最快捷、最简单的原创方式，因为内容是被采访者提供的，所以内容中的爆点充满了不确定性；需要做的，就是围绕热点话题设计话题，引导观众往想要的答案上思考。

街头访谈类平台代表：拜托啦学妹、歪果仁研究协会、学弟帮帮我。

3. 吐槽段子类

在这个生活节奏日渐加快的时代，人们有越来越多的心声需要宣泄，而吐槽就是自我宣泄的极佳方式。因此，吐槽段子类短视频在用户群体中非常受欢迎，可细分为以下 3 种类型。

（1）个人吐槽

只有一个人在镜头前吐槽。典型代表：papi 酱。

（2）播报类

以恶搞的形式对热点话题进行放送。典型代表：暴走大事件。

（3）情景剧类

通过情景再现的方式对一些社会现象进行吐槽。这类视频比较生活化，但由于需要团队、技术、剧本的协调呈现，所以这类短视频的制作成本也比前两种吐槽视频的制作成本高一些。典型代表：陈翔六点半。

4．文艺类

文艺类短视频平台是时下人们追求“小清新”风格的产物，这类平台的内容清爽明朗。典型代表：一条罐头视频。

只有短视频内容拥有了足够高的质量，用户才会考虑为其买单。

2.4 优化内容的三大方法

常言道：知易行难。在强调内容为王的今天，恐怕没有创业者会轻视做内容的重要性。然而通过具体的手段来实现内容的优化，却是一个实实在在的难点，这就需要短视频创业者花费更多的精力认真思考。经过多年的观察，笔者在这里总结出 3 种做好内容的途径，希望能为初涉短视频行业的创业者提供有益的参考（如图 2-7 所示）。

1．坚持积累

经营新媒体本身是一个长期的事业，对内容的整合和优化更是一个需要持续进行的过程。对于刚刚入行的短视频创业者来说，在创业的初期绝对不能对内容的创作抱有急功近利的态度，幻想自己的作品一夜之间就可以声名远播。只有沉下心来，一步一个脚印地积累内容，才能在拥有了足够强的实力之后迎来厚积薄发的那一天。

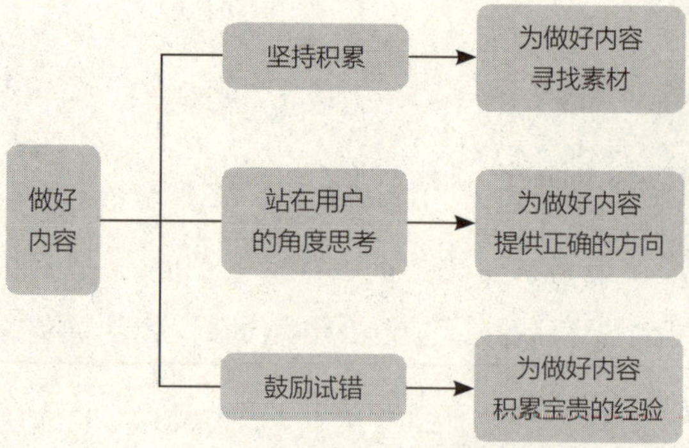

图 2-7　做好内容的途径

坚持积累内容，首先要确保对素材的积累。在线上，短视频创业者应定期搜集一些网上的时事热点和趣闻段子，并按照其影响力的大小进行分类。在线下，短视频创业者应时时注意观察生活，一旦发现生活中有趣的故事，就应及时记录下来作为内容创作的参考。

坚持积累内容的另一方面是对内容创作人才的积累。重视对创作人才的积累，不仅能最大限度地发挥这些人才的主观能动性，还可以将有限的资源转化为无限的创作可能。在这方面，罐头视频就做得非常出色。

除了重视内容的输出，罐头视频在网红的打造上也下了一番功夫，“罐头妹”“罐头哥”“帅无敌”等都通过罐头视频积累了大量的粉丝，从而成了名副其实的“网红”。值得一提的是，这些网红都是罐头视频的员工。罐头视频非常重视对员工兴趣爱好的挖掘，希望能给员工提供一个自由的环境，让其做喜欢的事、做最好的产品。在罐头视频创始人刘娅楠的眼中，罐头视频的发展离不开员工。“相互成就”是罐头视频的企业文化。

内容的创作需要人才，内容的优化更需要人才。积累人才就是积累竞争力，这不仅是像罐头视频这样的行业翘楚应该做的，更是短视频创业者应该做的。

2. 站在用户的角度思考

对于短视频创业者来说，内容创作并不是“任性”行为，内容发布更不可能在真空中进行。内容成功与否的决定权并不在自己这边，而是在内容的受众——用户手中。因此，短视频创业者应当在内容创作的开始就保持和用户之间的沟通联系。一方面，直接倾听用户对内容的需要；另一方面，尝试揣摩用户观看内容时的心理。

多站在用户的角度思考内容，可以有效提高内容创作的针对性。

3. 鼓励试错

虽然短视频行业已经发展多年，但目前仍处于成长期，行业内部尚未形成一套行为准则。另外，从短视频创业者的角度来看，自己的平台刚刚成立，没有所谓经营上的“包袱”。基于这两种现实，短视频创业者应当鼓励内容创作人员在工作中放开手脚，大胆试错。对于那些年轻的新媒体来说，此举不仅能为自己带来宝贵的实战经验，更能在“吃小亏”的过程中避免今后在创作内容时出现战略上的失误。

诚然，短视频新媒体的崛起，已经彻底颠覆了原本由传统媒体和少数网络精英媒体所主导的传播环境。但是，正如游戏玩家的更换并不能改变游戏规则本身一样，传媒领域的改变并不能改变用户对内容的要求。

相反，由于传媒界加入了短视频新媒体这位“搅局者”，其内部的竞争变得越来越白热化，为了能赢得竞争，所有的媒体都必须时刻保持对内容的创新和打磨。对于短视频创业者来说，对内容的优化更是其一项始终贯穿创业过程的任务。只有将内容做好，内容本身才能变成创业者成功路上的垫脚石，而不是绊脚石。

2.5 从细分领域中突围

在短视频产业快速扩张的当下，很多“嗅觉”灵敏的创业者满怀激情地投身到了短视频创业的大潮中。然而，仅凭一腔热血并不能确保其在一开始就走在正确的轨道上，暴虎冯河地蛮干一气也不能让自己在现实中立即功成名就，而登上资本的高地更不能说明短视频创业者就此可以高枕无忧了。事实上，在美好前景和群魔乱舞的景象并存的今天，短视频创业者要想真正让自己辛苦创立的新媒体成长为“参天大树”而不是“无根浮萍”，就必须在做好平台和内容的基础上向二级垂直细分领域深耕。唯有如此，短视频创业者才能在创业初期的搏杀中实现突围。

既然从新媒体发展的全局来看，向二级垂直细分领域发展已经成为短视频创业者的一种必然选择，那么接下来需要短视频创业者思考的问题就是：垂直深耕的作用在日常运营中具体表现在哪些方面？搞清楚这个问题，可以帮助短视频创业者在平台创立伊始就准确而快速地切入二级垂直细分市场，从而为接下来的深耕细作打好基础（如图2-8所示）。

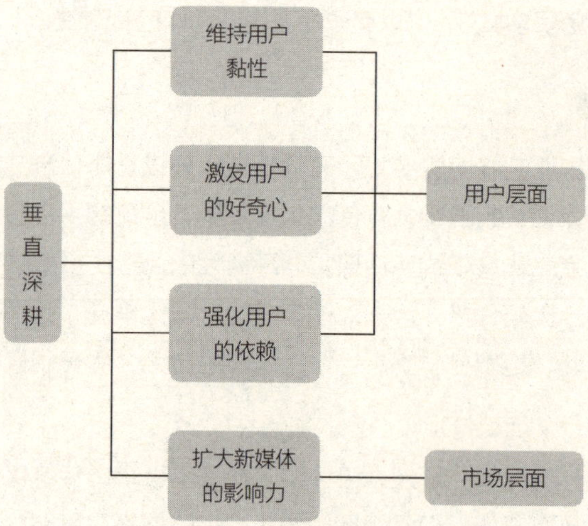

图 2-8 垂直深耕的作用

1. 维持用户黏性

对于新成立的短视频新媒体来说，获得用户的关注还远远不够。一方面，用户的关注有时候只是一时兴起的，很难持续，一旦某一天用户觉得无聊了，其很容易取消关注。另一方面，关注本身所造就的流量非常有限，如果用户在看完第一次之后不再观看该新媒体的任何短视频，那么该新媒体就难以实现流量的增加。

而对内容进行垂直深耕则正好可以避免上述消极后果的发生。首先，深刻的内容画面精致、含义隽永，会带给用户百转千回的视觉冲击和百看不厌的观看体验，这就能直接避免用户对新媒体产生视觉疲劳的感觉。其次，深刻的内容往往契合用户内心的需要，在完成第一次观看后，用户肯定还会为了满足自己的需要而选择继续观看，这就实现了用户流量的延续（如图 2-9 所示）。

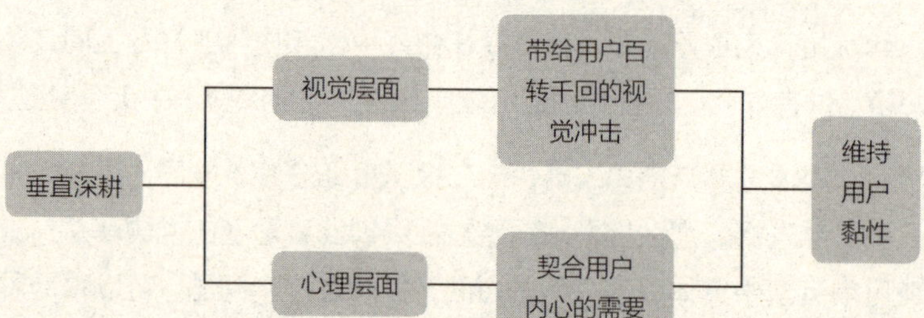

图 2-9 垂直深耕维持用户黏性的内在逻辑

因此，为了维持用户和新媒体之间的黏性，在避免取关的同时保证流量的增长，短视频创业者必须将垂直深耕当作一件具有战略意义的任务进行持续的坚持和探索。

2. 激发用户的好奇心

短视频的主要用户——年轻人对同龄人的想法和好恶存在普遍的好奇心，而涉及二级垂直细分领域的短视频则正好满足了这些年轻人对他人内心的好奇。通过深入而细致的内容呈现，用户可以看到自己内心深处一直期盼看到却很难一见的场景。

总体来说，二级垂直细分领域的短视频的主要吸引力来源于画面感和话题，精致的画面使用户获得视觉上的享受，而极具内涵的话题则可以激发用户对于短视频主人公反应的期待。但对这二者的优化必须通过对垂直细分领域的深耕来实现。鉴于画面感和话题对于年轻人的巨大吸引力，未来在二级垂直细分领域做得好的新媒体会有很多。

3. 强化用户的依赖

从短视频新媒体的角度来看，它可以通过垂直深耕后的内容为用户提供别处提供不了的资讯和知识，用户在习得这些“靠谱”而精良的资讯和知识之后，便会对短视频新媒体产生依赖。而从用户的角度来看，传播的日益便捷和社会分工的专业化趋势，让今天的用户普遍变成了“伸手党”。现在的观众并不愿意亲自花时间去整理归纳知识，更习惯于由他人代劳替自己对喜爱的内容进行整理。

4. 扩大新媒体的影响力

一方面，在短视频新媒体领域，垂直深耕后的内容首先会在引起用户广泛讨论的基础上引起同行的关注，通过同行之口，短视频新媒体的口碑会得到更广泛的传播。另一方面，在整个传媒界，传统媒体也会由于二级垂直细分领域短视频特有的深刻性而对新媒体进行报道。而电视、报纸等传统媒体的报道更容易在全社会引发广泛的关注和讨论。短视频新媒体正好可以借助传统媒体的报道，提高自身的曝光率，继而扩大在新媒体领域的影响力。这对于那些刚刚上线不久的短视频新媒体来说尤为可贵。

同时，由于资讯的极大丰富，很多人并不愿意花费宝贵的时间对巨量的信息进行甄别，更愿意先对自己关注的资讯进行了解，然后再对其进行深入的研究。就在人们这种或主动或被动的坐享其成心理的诱导下，垂直深耕类短视频平台必然出现，也必然能迅速获得用户的认可。

2.6 垂直运营的两大法则

正所谓“他山之石，可以攻玉”，实际上，一些优秀的短视频新媒体在二级垂直细分领域的成功经验可以简单地概括为以下两条法则（如图 2-10 所示）。在创业初期，严格遵守并积极践行这两条法则，不仅有助于短视频新媒体在短期内迅速实现单点突破，更能在未来长期的市场竞争中，帮助短视频新媒体弥补与那些知名新媒体之间的差距，继而实现“弯道超车”。

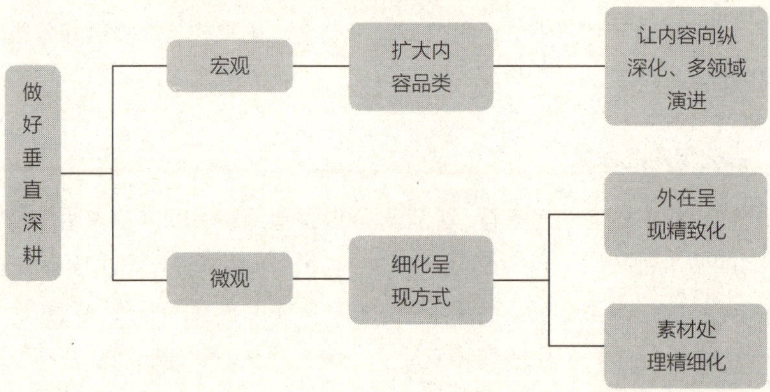

图 2-10 做好垂直深耕的法则

1. 扩大内容品类

短视频的内容若以纯粹的搞笑为主，固然可以轻易地获得流量，但这种内容会和更多的同行“撞衫”。用户的流量是有限的，如果做同一个门类的新媒体多了，那么平均每一家新媒体所能获得的流量就少了。在此情况下，扩大内容品类、开辟新领域就成了一个“剑走偏锋”的必然选择。在扩大内容品类方面，国内短视频新媒体的龙头——今日头条，可谓其中的集大成者。

进入“今日头条”的界面，用户不仅可以看到在大部分短视频新媒体上都可以看到的娱乐、搞笑方面的信息，而且还能看到关于生活、才艺等方面的内容。

其中，以下3位创作者的表现较为突出。

第一位是“坤哥玩花卉”。坤哥本是《中国花卉报》的一位记者，对花卉种植较为精通。他在头条号上专门发布关于家庭种植花卉的教学视频，每段视频的时长一般不超过4分钟，却获得了数以百万计的粉丝。其中最受欢迎的猪笼草种植视频，竟然获得了累计765万人次的观看量。

第二位是“MakerBeta”。该作者的视频专注于科技手工，看起来很小众，但实际的播放量却很惊人。通过MakerBeta的视频教学，19万人了解了机械手臂的制作方法，9万人明白了“诸葛连弩”的原理，6万人学会了制作金刚狼手爪。

第三位是“魔术师林剑伟”，这位魔术师将变魔术的方法和诀窍在短短5分钟的视频里全部呈现给观众。进入他的视频列表中，赫然可以看到有150多万人掌握了手机入气球的魔术，190多万人掌握了街头换牌魔术，100多万人掌握了香烟盒漂浮魔术。

严格来说，今日头条能在短短的几年时间里后来居上，超越众多短视频巨擘和老牌平台，成为移动端领先的短视频发布平台，主要还得归功于其在二级垂直细分领域的深入发掘。扩大内容品类，这既是今日头条实现后发超越的关键所在，更是短视频创业者应该积极践行的步骤。

2. 细化呈现方式

首先，在整个短视频的外在呈现方面，短视频新媒体应做到精致化。在短视频的主人公或主播的人选方面，短视频创作人员应当尽量选择那些有识别度、同时演技比较好的专业人士。在场景布置方面，短视频创作者也应当选择一些环境优美的地域。

其次，除了在主播的外在呈现上要突出“精致化”的特色以外，短视频新媒体在具体素材的选择上也要有所细化。为了能够引起用户足够的关注，同时快速地找到“包袱”点，短视频创作者一般应用两种方法对原始素材进行细化：一方面，对于内容较为精彩的素材，短视频创作者可以对其知识（例如有关旅游的素材）进行进一步的细化，创作者可以增加一些关于旅游安全、旅游政策方面的资讯；另一方面，对于数量较多的素材，短视频创作者可以对这些各自独立的素材进行整合，继而创造出一个独特而丰满的新故事。

只有完成了由内而外的打磨细化，一部分用户才能扭转自己以往对于短视频粗制滥造的印象，也才能认可短视频创作者在垂直深耕方面的努力。

第3章

视频调性：找到最合适的内容方向与形式

03

移动互联网去中心化趋势的日益明显，赋予了短视频创业者更多的机会。而在这些基于短视频的创业中，高质量的内容依然是用户追求的重点。要想在激烈的竞争中脱颖而出，短视频创业者就必须依靠一系列的持续性的优质内容来建立和用户之间的联系，获取用户的信任。因此，找准平台的定位，找到最适合的内容方向与形式，为内容贴上风格化标签，从而建立自己的辨识度，是非常重要的。

3.1 找到核心用户的本质需求

社会经济的不断发展充分解放了人们的消费个性，无论是在有形产品的选择上，还是在无形产品的选择上，越来越多的人开始追求高品质、个性化的消费体验。和消费升级相伴而生的，便是一大批内容创业者。从文字、图片到视频，在移动互联网浪潮的冲击下，内容创业的呈现也变得愈发多样化。

进入 2016 年后，短视频行业发展迅速。据《华尔街日报》报道，截至 2016 年年底，YouTube 全球用户每天累计观看视频的时间已经超过 10 亿小时。而在中国，短视频创作团队同样在日益增长，内容质量也有了明显提高，越来越多的投资者开始关注该领域。今日头条的高级副总裁赵添表示，“短视频爆发正当时”。据有关统计显示，截至 2016 年 9 月，今日头条每月上传的短视频数量已经达到 90 万，并实现了 300 亿次的月均消费量，短视频流量已经成功赶超图文。这些数据预示：当前，用户对于短视频内容的关注度正在逐步增加，短视频将成为未来内容创业领域的大趋势。

在内容创业浪潮袭来的今天，短视频也迎来了发展的“春天”。在美拍、快手、秒拍、微信、微博等众多热门平台的支持下，一条内容质量较高的短视频点击量轻松过万。因此，内容创业者选择短视频这个入口是非常明智的，只要内容好，符合用户的需求，就不愁没有流量和用户。

由 @OWE 东方职业摔跤联盟发布的一个关于其训练情景的短视频（如图 3-1 所示），在天天快报、腾讯视频、秒拍、爱奇艺等平台上各种流量蜂拥而来。该短视频点赞量 50 多万，播放量 800 多万，在微信端的转载量更是多不胜数。

那么，到底什么样的内容可以称得上是好的短视频内容呢？事实上，关于这个问题，就连视频鼻祖——电影大师们也很难给出准确的回答。德国导演沃纳·

赫尔佐格曾表示：“电影并不是学者的艺术，而是文盲的艺术。”如何理解呢？简单来说，在新媒体时代，每个品牌的形成都有一个属于其自身的独特调性，而这个调性必须符合受众的审美观、价值观。

图 3-1　训练情景短视频

也就是说，要想做好短视频的传播与营销，其内容和受众的精准定位是必不可少的。短视频内容的好坏并没有一个统一的标准。而所谓的优质内容，一定是建立在满足用户需求的基础之上的。这一点，无论对于以微信公众号、各种形式APP为代表的新媒体，还是对于以报纸、杂志为代表的传统媒体，都是共通的。

事实上，做短视频创业，有两条线是需要创业者时刻关注的：短线上，要求视频创作者绞尽脑汁地打造一个爆款视频，让自己尽可能地被更多的人所熟知，促进内容消费；长线上，则要求短视频创业者凭借一系列持续的短视频建立与用户之间的联系，在用户中建立起足够的辨识度，以实现用户的沉淀。

后者显然对于品牌的持续性发展更为有利，而要做到这一点，短视频创业者就必须先对自己内容的边界加以明确，为自己的短视频内容打上某种风格化的标签，即找到自己的精准受众，然后根据该受众的需求为其持续提供自己的独特内容。

例如，东北猫新媒体对自己的定位是一个多渠道多产品的互联网新媒体品牌，其主营业务涉及微信公众号平台、微博以及新媒体周边开发代运营业务、网络剧出品 PGC 业务、电视栏目、地方 O2O 等多个方面。一直以来，东北猫在短视频内容的打造上都坚持以用户为中心、以创新为根本，利用分析和评估，对其核心用户的需求进行深入探讨，从而进行视频内容的匹配，打造一系列符合用户群体审美观和价值观的经典短视频，以吸引更多相对精准的人群。根据有效数据统计，在东北猫的用户中，20 ~ 39 岁的黄金受众群体占比达 85%; 19 岁及以下占比 6%; 40 岁及以上占比 9%（如图 3-2 所示）。

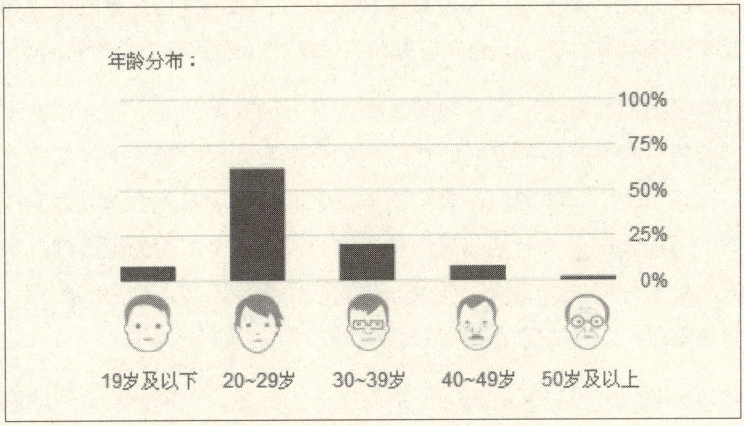

图 3-2　东北猫用户画像示意图

从一家专注于互联网文化的团队，稳健成长为影视作品播放量突破 6 亿次、平台粉丝突破千万名的东北最大的新媒体公司，在东北猫的成长历程中，用户需求始终是第一位的。

移动互联网的快速发展给了人们更多的选择权，同时也给了短视频创业者更多的机会，只要你的短视频满足了一部分人的需求，就一定能够得到这部分人的认可，从而带来流量和用户。而要想让自己的品牌能够得到用户的持续关注，并心甘情愿地为自己的内容付费，实现品牌的成功变现，就需要不断对核心用户的需求进行探索。围绕核心用户的本质需求进行短视频内容的创作和创新，是每一个短视频创作团队都必须且要坚持去做的。

如今，短视频创业已经不再是一件新鲜事了。由于前期投资成本低、操作简单等原因，短视频创业的进入门槛较低，但是短视频创业的成功率也并不是一个可观的数字。从当前较为成功的案例来看，短视频创业的根本还是要找到核心用户的本质需求，只有真正满足用户需求的短视频，才是真正合格的产品。

有需求就有供给，这是人类社会进步中一直存在的规律，在这个一切以人为本的互联网社会中，同样应该如此。因此，短视频创业者在对自己的短视频进行定位时，一定不要脱离对用户消费需求的探讨，例如确定用户更喜欢看段子、新闻还是深度分析等，以此来确定短视频的最终“调性”是无厘头的还是走心的，是吐槽的还是魔性的……事实上，所谓短视频创作，就是指以对短视频内容进行生产和重组的方式，来使用户的视频观看需求得到满足。在此基础上，再加以创新，以此来提升用户对于品牌的认可度和忠诚度，实现品牌的成功营销。

和文字、图片、音频不同，视频本身就是一种多维产品，需要创业者具有剧本创作、剪辑、表演等多种能力。在这样的情形下，短视频的创作实际上是非常困难的一件事情，不但要求创作者经验丰富，而且需要多人合作共同完成。而一个真正好的短视频产品一定是有其独特的地方的，一个成功的短视频品牌也一定有其过人之处。任何一个爆款短视频成功的背后都是无数人精心的策划，只有准确抓住用户需求，才能实现短视频的成功扩散。

在 2016 年，短视频行业取得了突飞猛进的发展。未来，笔者相信短视频领域将会产生更多富有创意的内容形式。但是有一点是肯定的：短视频内容的创作必须坚持以用户需求为核心。在未来的短视频的创业中，以用户需求为核心，为自己找准“调性”，打造一个具有高辨识度的品牌，是每个短视频创业者的必由之路。

3.2 专业领域媒体化

伴随网络的快速发展，如今的社会已经开始向媒体化演变，人们无论是发布信息还是获取信息，无论是个人决策还是商业决策等，几乎都离不开媒体。媒体化是整个商业市场的大势所趋。移动互联网技术使得整个内容工业的生态得到重构，信息传播效率发生了翻天覆地的变化，在这种社会大背景下，即使一个非常小众的受众群体也蕴含着巨大的商业机会。在移动互联网时代，每个人都可以成为媒体人。

随着生活水平的显著提高，人们的消费需求也在潜移默化地改变着，越来越多的人开始关注自己的个性化需求，追求高品质。在这样的社会背景下，传统的短视频平台遇到挑战，特定领域的视频内容增长迅速。短视频生产机构视知传媒创始人兼 CEO（首席执行官）马昌博曾经表示：“未来单纯靠娱乐吸引用户的短视频平台会陷入困境，而致力于发布有用信息、提供专门知识、帮助解决问题、最终为用户节省时间的优质短视频平台会异军突起。”

随着短视频行业的快速发展及行业竞争的加剧，短视频产品愈加丰富，只有更精准、更深入的视频内容才能得到大众的青睐。所以，更强调视频内容细分和视频内容专业化的短视频新媒体被认为是网络媒体的未来。

短视频新媒体的制作流程并不复杂，其内容也并不需要像电视台一样包罗万象，这就要求短视频创作者必须专注于自己所做的视频内容，把有限的资源集中在某些特定的领域或某种特定的需求，量身定制的短视频内容更容易开创新领域、抢占消费者。只要你的视频满足了一部分人的需求，就一定能够得到这部分人的关注和认可，从而带来流量和用户，实现变现。

在专注于内容方面，企鹅团的创始人“醉鹅娘”王胜寒的表现无疑是较为鲜明的。王胜寒专注于研究红酒文化，《醉鹅红酒日常》系列视频，讲述了如何醒酒、如何分辨酒的种类、如何做好酒和餐的搭配等关于红酒的知识。目前，这个视频已经成为国内颇具影响力的脱口秀。基于这个视频，王胜寒在新媒体平台也获得了超过 100 万的粉丝，《醉鹅红酒日常》也成为很多葡萄酒学校的准教材，而王胜寒也成为红酒界的启蒙老师。

那么，如何才能更好地专注于自己所做的视频内容，成功吸粉呢？（如图 3-3 所示）

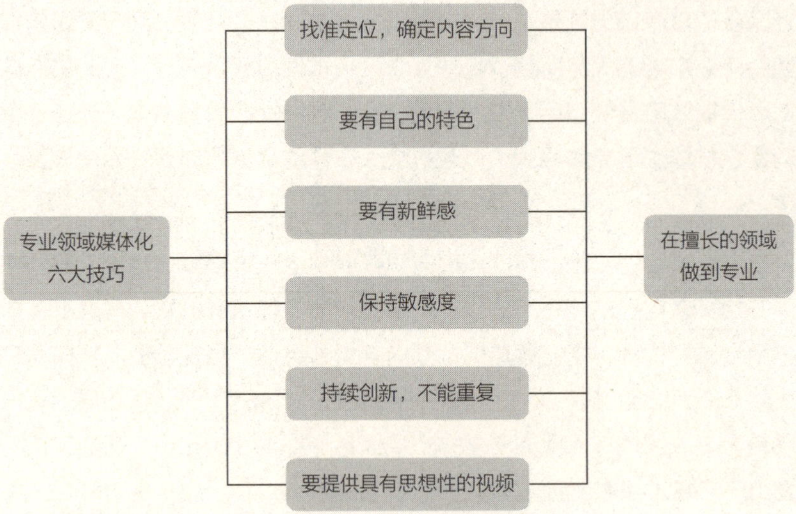

图 3-3　专业领域媒体化六大技巧

1. 找准定位，确定内容方向

短视频表现的形式多种多样，覆盖的领域也比较广。对短视频内容创业者来说，定位是一件非常重要的事。一开始就定位好视频内容，认准一个点去深耕细作，不仅容易得到粉丝的认可，而且吸引到的粉丝也会更加精准，后期可以结合的商业模式就更加丰富。

美拍是美图秀秀出品的最火的短视频社区之一。美拍爆红的最大原因之一，就是以拍出优质视频为市场定位，根据爱美是女性最大的天性，针对女性需求，找准市场，打破吉尼斯纪录，成为国内举足轻重的短视频社区。

可以说，精准的定位是美拍取得成功的非常重要的一步。相反，如果没做好视频内容定位，就很难吸引粉丝订阅。即使一开始吸引到了粉丝，后期还是难以转化。例如，你做一个厨艺展示的短视频，却没有做好视频内容定位，每天都发布卖房信息，显然是不合适的。

2. 要有自己的特色

所谓的特色就是与众不同的地方，这就像是一道菜，只有属于自己特色的味道且能满足大众味蕾的需求，才能得到大众的持续喜爱。短视频也是如此，只有保持自己的特色，发挥自己的优势，才能够更好地竞争。例如，papi 酱的特色就是变音、连续快节奏转场和吐槽。

再如“深夜谈吃”，这是一个专门研究美食的视频公众号。虽然做美食的视频数不胜数，但是它却将美食与文化结合起来，做出了属于自己的特色，并且及时更新，选择非常有诱惑力的点——晚上 10 点准时推送，成功吸引了大众的胃和好奇心，很快就成为美食类视频的翘楚。而这就是一种特色文化。

在笔者看来，特色甚至比专业性更重要一些。毕竟大众在短视频内容上并不过多追求知识深度，他们关注的往往是热点与专业结合的东西，从这个角度来说，有意思的视频更具有发展潜力。

3. 要有新鲜感

保证视频内容的新鲜感，是为了让信息更有时效性和新鲜度。在这一点上，短视频的内容一定要做到让人眼前一亮的感觉，因为第一眼的感觉是非常重要的。这不仅需要把握内容的新鲜度，也需要把握拍摄的技巧。同时，也需要讲究内容的包装。当然，新颖的形式包装也是需要的，例如微电影也是非常好的形式。随着短视频的发展，形式上的包装所发挥的作用将不可小觑。

4. 保持敏感度

社会上有着各种各样的热点话题，有热点就有关注，这也是短视频发挥的余地。这需要短视频创作者有敏锐的眼光，及时关注、深度挖掘。对于社会热点，每个人都会有自己的评判标准。但是很多情况下，很多人会越过道德的边缘妄加议论，这是一种不道德的做法。所以对于内容上的热点，短视频企业需要理智地对待社会热点，用更加理性的态度来正确引导，这也是社会责任感的体现。

5. 持续创新，不能重复

短视频的内容要及时更新，要保证每一节视频的内容都不重复。如果重复，大众感觉视频内容不新鲜，不仅没有再看下去的欲望，而且对短视频的印象也会大打折扣，甚至不再关注后期推送的其他视频。

在这方面，“一条”做得很不错，其基本能够保障每天至少推送一条原创生活短视频，内容从来不重复，每天都给用户耳目一新的感觉。

当然，视频内容的创新也有利于吸引大众，稳定粉丝。

6. 要提供具有思想性的视频

这是非常重要的一点，生活需要娱乐，更需要智慧。有思想、有高度的视频能更有效地吸引大众的眼球，增加粉丝黏度。当然，偶尔也需要提供一些服务性的作用，例如帮助大众解决一些实质性的问题等。现在的网民知识水平都很高，知识共享是非常有吸引力的。如果有的粉丝发现自己关注的短视频节目出现了常识性错误，肯定会产生质疑，降低其忠诚度，也有可能会立刻取消关注。

要做好视频内容的定位，在擅长的领域做到专业，专注于一个领域，把它发挥到极致，从而满足特定用户的需求。有需求就会有供给，从而给短视频创业者更多的机会。只要短视频的内容满足了一部分人的需求，就一定能够得到这部分人的认可，从而带来流量和用户，实现变现，并带动短视频行业的可持续发展。

3.3 图文包装模板化

在短视频内容生产方面，我们需要考虑如何让视频画面变得受用户喜爱，这就涉及对短视频的图文内容进行包装的问题。一个短视频栏目要想受到用户的关注，除了需要持续不断地输出优质内容，还需要做好图文包装，让观众有好的观看体验。

精致的图文包装为短视频的内容起到锦上添花的作用，观众可能会被短视频优质的内容所吸引，也可能因为视频的后期包装而增加关注。因此，对短视频的图文包装也是一个不可忽略的环节。

图文包装是很多短视频栏目后期制作的一个过程。为保证视频整体效果的统一，我们在后期对图文进行包装的时候也应该做到合理规范。那么具体应该怎么做呢？（如图 3-4 所示）

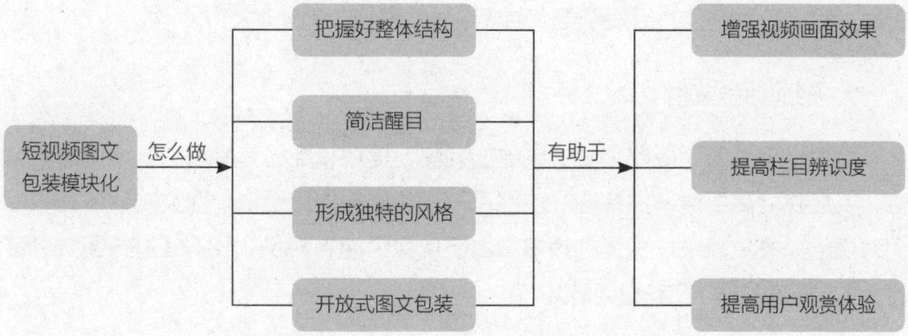

图 3-4　图文包装的方法

1. 把握好整体结构

对图文部分的包装，甚至包括视频片头片尾的包装，我们都需要形成一套方案，要让整个视频内容形成一体。这就需要把握好短视频内容的整体结构。而对视频结构的把握主要包括内容的完整性、流畅性和严谨、新颖。

首先，在内容上要保证完整统一，图文包装一定要符合整个视频的风格。避免出现短视频前后风格不统一、让观众莫名其妙的情况。其次，还应该注意，添加的图文信息一定要和视频内容自然过渡，不要对图文内容进行牵强的包装。

当然，在保证图文包装合理性的基础上，我们也应该突破固有的模式，让包装的形式更加独特、新颖，为观众营造出更优质的视觉效果，从而引起观众的兴趣。

2. 简洁醒目

简洁醒目是做短视频图文包装的最根本的要求。图文在视频中的核心作用在于对内容的辅助性表达，而在动态的视频画面中，图文出现的时间是较为短暂的，同时在画面上的显示面积也是有限的。

因此，在后期对图文进行包装时一定要做到简洁而醒目，要让观众可以快速轻松地获得相关的信息，这也是提高观众观赏体验的一种方式。而过于复杂冗长的图文信息，在很大程度上会降低短视频的视觉效果，从而影响观众观赏。

除此之外，我们在后期对短视频进行图文包装时，一定要注意包装的频次不能太高。短视频本身的播放时间就不长，不要让后期的图文包装掩盖了优质的视频内容，否则容易让观众分不清主次。要适当地包装，不要让短视频看起来花里胡哨，要将后期包装的侧重点更多地放在对视频细节的处理上。

3. 形成独特风格

图文包装是为了使整个短视频更加完美、美观和更具有吸引力。而所谓的风格，就是我们需要对添加的图文内容有一个整体的构思想法。图文内容体现了我们对视频播放中每一个画面的理解。由于短视频种类繁多，我们在进行图文包装时，一定要形成一套自己的风格。

图文包装风格一定要根据短视频栏目的类型、内容、定位等方面进行考虑，一旦风格确定了，就要保证前后一致性，毕竟图文是需要贯穿整个短视频的。

魔力 TV 旗下的造物集，就一直沿用明亮、日式小清新的风格。风格的选择和栏目的定位，以及视频内容都十分吻合，给观众传递出素雅、安静的画面效果。整个短视频前后风格都趋于一致性，因此视频整体的画面效果不会显得过于突兀，同时还极大地增强了用户的观看体验（如图 3-5 所示）。

图 3-5　造物集视频截图

造物集在图文包装上形成了自己特有的风格，并一直延续到每一期节目中的这种做法不仅有利于形成自己的标签，同时还提高了栏目的辨识度，加深了观众的印象。

面对短视频领域不断的专业化和市场化，打造自由品牌的意义变得更重大，而要打造出强势的品牌，就需要以一套独立风格和不可复制的图文包装为基础。

4. 开放式图文包装

我们需要形成一套完整的图文包装，但并不意味着这套包装就是封闭的。面对短视频市场环境的瞬息万变，我们需要一套开放式的，适合短视频持续发展的图文包装。只有开放式的包装才能在短视频栏目不断发展的同时增添更多新鲜的内容。

不要让形成的图文包装体系束缚了短视频栏目的发展，而是要让图文包装设计融入我们的短视频栏目。即使面对栏目新的变化方式，图文包装设计也可以始终贯穿和延续下去。

短视频进行图文包装有助于突出栏目的个性和特征，能增加观众对栏目的识别能力。在同质化的环境下，除了在内容上要更加新颖、有创新，在图文包装上也要风格独立，这也是区别于其他栏目的一种方式。因此，我们需要形成一套自己的图文包装风格，让图文包装不断地模块化，使包装形式成为短视频栏目的有机组成部分，这样更有助于我们的可持续性发展。需要强调的是，图文包装只能为短视频起到点缀的作用，真正吸引观众的还是短视频的内容，好内容才是留住观众的关键。

3.4 选题创意联合化

对于短视频创作者来讲，选题是核心。所谓选题，就是要选择做一个什么样的题材。在内容运营阶段，视频团队的发展和生存主要依赖于能不断地推送出更多优质内容的片子。从一定的角度上看，创意的选题实际上是一个视频团队发展思路和盈利模式的创新，同时也是一个视频团队提高竞争力的关键环节。各个短视频栏目，只有不断创新推出新颖、特色的内容，才能从同质化严重的行业市场中脱颖而出，并向着更好的方向发展。

对于很多内容创作者来说，以内容为王的关键就是要有个性化的形象，这也是短视频创作最困难的一部分。在短视频领域中，领先栏目早就已经掌握了大部分的流量和用户，而后期的团队就只能望洋兴叹了。在竞争越来越激烈的情况下，多个栏目团队同时追求一个热点事件，使得很多选题已经不再新颖。

那么在短视频的选题上，我们具体应该怎么做，才能在选题上更具有创意呢（如图 3-6 所示）？

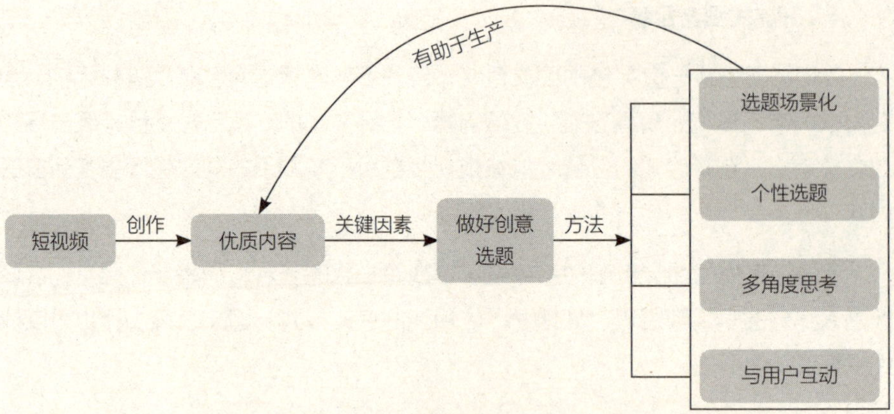

图 3-6　创意选题

1. 选题场景化

场景指的是在某一具体的情境中，大部分人都会有相同的行为反应。无论是运营具体产品，还是做内容运营，其本质上都是为了满足或解决用户的需求。而用户的需求都是在现实生活场景中存在的，它们天然都是用户的痛点。

因此，场景化的选题能够直击用户痛点，挖掘出用户最真实的需求。这样一来，我们创作的短视频内容就更容易引起观众的共鸣，受到观众的喜爱。

短视频做好选题场景化，就需要将用户观看短视频时的场景依次罗列出来，根据不同场景挖掘出用户相对应的需求，最后根据这些需求进行视频内容的策划。这样就能让短视频内容和用户之间关联起来，从而更好地满足需求。

我们可以简单地将选题场景划分为以下 3 种类型。

（1）观众感兴趣的场景

为短视频做选题，可以选择大部分观众都感兴趣的场景，这些场景虽然不是观众们的亲身体验的，但是同样对用户有很强的吸引力。就以东北猫发过的一个短视频为例，这期的短视频内容就很受观众的喜爱（如图 3-7 所示）。

大部分家庭里都会有猫咪、狗等各式各样的萌宠，他们总是会为主人带来欢笑与温馨。当大家看到“哈士奇爆笑拒绝主人命令”这个标题时，都会不由自主地点开，看看和自己家的宠物有没有相似之处，或者就是觉得有意思。而明确的选题，也可以让观看者在看到题目时，就会脑补画面，这就是选题场景化的表现。

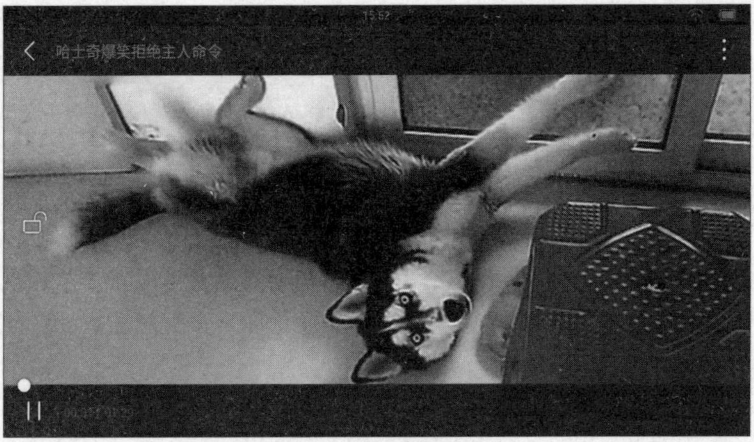

图 3-7　网络短视频截图

像这样的短视频发布者，有合适的短视频题材，就能引起观众的注意。这种有明确主题的短视频题材，会让观众有代入感，能够引起观众极大的兴趣。

（2）重现用户体验过的场景

上一点说到的场景，是指用户没有体验过的，而这一点，我们就要求短视频创作者在做选题时，选择一些用户经常会遇到的、经常体验的真实场景。

结账抹零是我们生活中经常遇到的场景，除了吃饭，很多消费场景都会遇到抹零的情况，这样的短视频选题就是用户最真实的场景再现（如图 3-8 所示）。

图 3-8　东北猫短视频截图

短视频以用户经常体验的场景作为选题，能吸引大量的观众打开。同样的场景是很多用户都有过的体验，但是每个人的行为反应和解决方式都是不同的，当用户面对这些高频场景时，通常都有点开看看他人会有什么样反应的冲动。因此，这种类型的场景化选题，也很受观众喜爱。

（3）引起共鸣的隐晦场景

这类场景在观众生活中出现的概率并不高，但对观众有很强的吸引力，能快速引起短视频和观众之间的情感共鸣。这样的选题就属于低频场景，简而言之，这类场景很容易击中用户的痛点。

例如，“对于前任留下的‘遗物’我们该怎么处理”“女生被分手，都会伤心吗？”等，这类选题并不是经常出现的场景，但是很容易触动观众的内容，可以轻而易举地引起共鸣。

总之，场景化的选题一定要根据不同的场景罗列出用户的需求。唯有如此，才能针对不同的场景去收集和寻找内容素材，保证短视频内容质量的准确性。

2. 个性选题

突出个性也是短视频选题的创意表现，观看同一个短视频的用户，他们的需求、特点、喜好都存在着较大的差异性。对于短视频而言，当我们满足的用户越多时，我们就会获得越多的好处，这些好处主要体现在短视频栏目的粉丝数量和知名度等方面。而要满足如此大数量用户的需求，就要先将用户进行细分，从而为不同类型的用户提供个性化的内容。

3. 多角度思考

面对同一个话题、同一个事件，大家都从同一个角度去进行短视频内容创作，就很难引发观众的兴趣。而要做创意选题，就需要对同一个话题或同一个热点有独特的角度，选择区别于大多数人的角度进行创作。

对于很多已经被选择过的短视频选题，如果我们没有足够的把握从一个新视角出发进行创造，就要考虑不要再继续创作了，因为只有新鲜的事物才能刺激观众打开的欲望。因此，针对同一个事物，在做选题时可以发挥团队中每个人的思维进行思考，不同的人看待同一件事情的角度往往不同。

头脑风暴，能帮助我们从多角度思考，找到创意的短视频选题。

4．与用户互动

短视频要做好创意选题，往往不能忽视的就是和观众之间的互动，能够引起观众积极互动的选题，流量自然也不会太低。就以美食类的短视频为例，当我们教观众做一道复杂的菜后，观众只会夸赞这道菜很美观、很有食欲，却不会跟着一起做。因为这道美食的制作过程太复杂，需要的材料也很多，这就不容易引起与观众的互动。相反，使用普通的原材料，几分钟就能做出的精美菜肴，却更容易让观众尝试，亲自动手制作。

因此，短视频选题一定不要忽略和观众之间的互动性，互动多的视频选题才是观众喜爱的。不要妄想一个选题的点击量在一夜之间就能大增，高点击量的短视频背后，往往是内容创作者的精挑细选。找到更精准的、更有创意的短视频选题，才是创造优质内容的首要工作。

3.5　用户分析算法化

大数据时代，单一的音频、图片和文字已经满足不了用户表达自我的欲望。短视频也被公认为是具有良好发展前景的领域，而想要在这个领域中有所发展，最关键的是要能把握住目标用户。

虽然我们常说，流量时代已经过去了，现在是内容为王的时代。但是，在保证内容优质的同时，流量仍然是很多视频团队竞争的关键因素。根据一些相关资料的显示，我们可以清楚地了解到移动视频的用户规模在不断扩大。而在短视频行业规模不断扩大的局面下，面对如此多的潜在机会，流量是关键。

在短视频营销过程中，挖掘用户的需求是最根本的。当我们对数据和算法深入挖掘后，就能清楚我们的目标观众是谁，他们都有哪些需求等。内容是短视频运营中的关键部分，为了满足观众对内容的需求，我们要做的就是给用户推送他们想看的内容。

在满足用户对内容消费的需求之前，我们首先需要了解用户对内容的需求，可以细分为以下 4 种类型（如图 3-9 所示）。

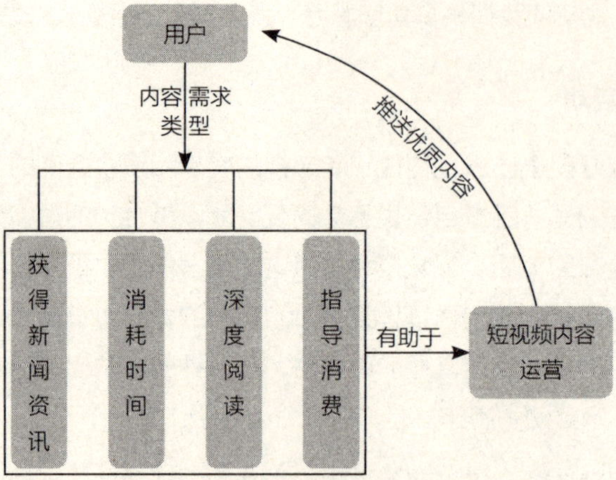

图 3-9 用户内容需求细分类型

1. 获得新闻资讯

随着人们生活节奏的加快，用户花费在看电视上的时间已经越来越少了。为了节省时间提高效率，用户更喜欢直接在互联网中获得新闻资讯。这样不仅能够满足他们对时事热点新闻资讯的把握，还不会影响工作。

这类平台如搜狐新闻、今日头条等，都在向用户传递新闻资讯，满足用户对信息获取的要求。

2. 消耗时间

用户更喜欢利用空闲时间来阅读观看网络上的信息内容，以此来打发时间。例如微博等平台，其中包含了多种类型的内容，可以给用户传递一些技巧类信息，同时还有很多娱乐性、互动性的内容可以供用户欣赏，增加乐趣。

3. 深度阅读

用户对内容消费除了是为了获得一定的资讯、打发闲暇时间之外，还有可能是为了深度阅读。对于某件事、某个事物想要做更深入的了解或探讨，也是用户内容需求的一种类型。例如，知乎这样的平台，就是为了满足用户对内容的深入阅读的。

用户可在这些平台上就某些问题进行深入的讨论，还能向很多行业资深人士进行提问学习。

4. 指导消费

像小红书、一条、什么值得买这类的平台，是在向用户传递一些产品的优惠信息、购买价值等内容。而用户选择阅读这种类型的内容，目的是通过这些平台，发现更多适合自己的产品，同时帮助自己对某些产品有更深入的了解，从而决定是否进行消费活动。

以上就是用户对内容需求的几种类型，为了满足用户的这些需求，很多平台并不是单一地满足用户的一个需求，而是交叉存在的。就像今日头条，其既能满足用户对新闻资讯的获取，又能为用户提供一些娱乐性的内容，以此来打发他们的时间。

清楚了解用户对内容的需求之后，我们就知道该给用户推送什么样内容的短视频，才能受到他们的喜爱。根据用户对内容需求的侧重点不同，我们在短视频制作时也要有所改变，那么如何才能做好用户分析选择适合的内容进行推送呢（如图 3-10 所示）？

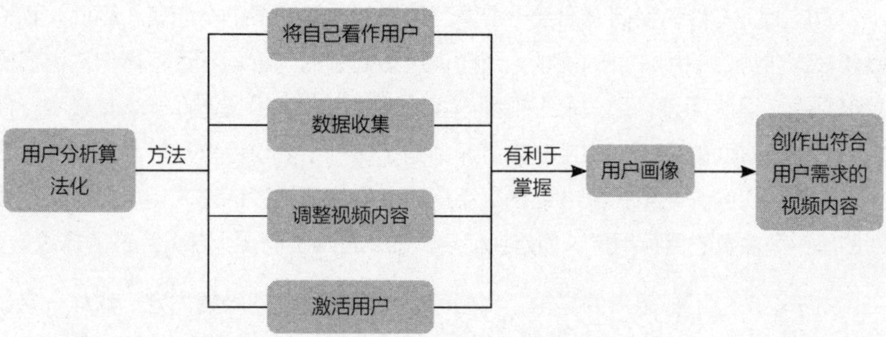

图 3-10　用户分析方法

1. 将自己看作用户

把自己也当成是短视频的目标用户，让自己的需求无限放大，当我们想要满足更多需求时，就会发现用户其实也有一样的想法。我们只有站在用户的角度，才能真正了解用户的需求是什么。

切换自己的身份，让自己从短视频内容创作者的身份变成目标用户的身份，为自己的“用户”身份设定一定的条件，如年龄、喜好、性格等，从设定的身份出发，浏览已经发送过的短视频，客观思考，并总结出观看后的想法。

在完成这一系列的操作后，将自己切换回短视频内容创作者的身份，对刚刚的想法需求进行理性分析。从内容创作的角度出发，想方设法地解决用户的这些需求，那么创作出来的内容就会受到用户的喜爱。

2. 数据收集

无论短视频被分发到哪个平台，其都能从后台数据中画出用户的基本画像。后台数据是分析用户最直接有效的方式，也是很多短视频团队的核心方式。虽然数据呈现出的都是事实，但是也会存在一定的误差。

因此，除了搜集后台数据外，适当地对用户进行调查问卷、访谈等活动，才能更全面地了解用户。但是收集用户需求的前提是，短视频栏目已经积累了大量的用户，只有在用户数量达到一定程度的基础上，我们收集、分析、整理数据才能得到一个真实有效的结果。

3. 调整视频内容

通过上文内容，我们就已经十分清楚用户对内容消费的需求了。因此，我们需要根据自身目标用户群的需求，及时调整短视频的内容。若目标用户对内容需求都是为了深度阅读，那么在短视频内容的选择上，就尽量选择一个物或者一件事，进行多方面的剖析，让用户有更深刻的了解。不要仅停留在表面内容的介绍上，更深层次的介绍或拓展才能满足用户对内容深度阅读的需求。虽然短视频面对的是不同需求的目标用户，但是我们要做的就是尽量满足大部分用户的需求。

对于小部分目标用户的需求，我们可以专门制作几期特辑内容。这样一来，在满足用户需求的同时，也能帮助短视频内容选择提供更多的素材和选题。

根据用户需求制作几期内容，再和之前发布的短视频进行比较，看看是否有明显的变化，若是没有变化，就应该考虑是否准确把握用户的需求。

4. 激活用户

我们对用户的分析往往是不全面的，在无法真正了解用户需求时，不如反其道而行之，鼓励用户自己生产内容。这不仅是提高用户留存率最有效的方法，还有助于掌握用户的真实需求、分析用户。

定时向用户征集内容，从用户的内容反馈中可以看出，栏目覆盖的目标用户群喜欢什么样的选题，爱好什么类型的短视频等。这对日后的短视频创作提供了很好的方向，可以创作出更多用户喜爱的内容。

用户分析看起来过程复杂，但是对短视频内容创作却有很大的帮助。只有对用户做出正确的分析，才能让我们的内容更贴近用户，更受用户的喜爱。

3.6 内容驱动数据化

拍摄短视频，需要我们通过相机记录每一个画面。数据化运营同样是这个道理，记录下短视频发布后的各项数据指标，不但能够帮助我们看到观众的行为反馈，而且对日后短视频内容创作和运营都有着重要的作用。

根据播放时间短的特点，短视频需要在内容创作时着重考虑如何在短时间内快速吸引观众的眼球，这在很大程度上促进了短视频创新力的提高。这种视频模式的转变，使我们更加注重内容创业。而对于很多短视频团队来说，找到最合适的内容方向和方式是其面临的一大苦恼。对于一些比较火的内容方向，很多顶级大号已经做到极致并未留下太多余地。而做一些小众的内容方向，并不能在短时间内帮助我们快速积累流量。

我们将视频发布到线上，无非就是想要提高栏目的曝光度、视频点击量、视频播放量等，从而收获一定的利益。变现是我们的最终目的，但是无论选择什么样的变现方式，只有在初期通过内容积累一定的流量，才能实现后期的转化。

对于很多短视频团队来说，前期做内容，后期做电商，因此从一开始就需要切入用户细分群体中，而这就很考验团队的数据挖掘能力。那么，我们需要如何通过数据来调整短视频内容运营这一环节呢？下面我们就一起来具体分析一下。

1. 互动数据

通过分析短视频投放后的数据，为我们优化视频内容提供帮助。因此，一定要定时将后台数据导出并进行仔细分析整理。例如，可以将时间限制在一个月或一星期内，将该范围内我们投放过的短视频数据进行导出。看看哪些短视频的点击量高、哪些评论数量高、哪些收藏次数多等。对这些数据进行整理之后，再进行先后排序。对排名处于前几位的短视频进行分析，总结它们都具有什么特点。

播放量和评论量是观众和短视频之间互动的数据表现，除此之外，视频的转发量、收藏量也都是观众互动的表现。通过对这些基本数据的分析，就可以很直观地看出观众喜爱什么类型的短片，这就为我们今后在短视频内容方向上做出了选择。通过对互动数据的研究，我们总结出以下几点。

（1）评论数量高

评论数量高的短视频，就表明该视频的内容能激发观众强烈的表达欲望，说明观众被视频内容中的槽点所触发，从而引发讨论。那么下次在创作短视频的时候，就可以再加入一些能够引起讨论的点。

（2）转发量高

高转发量的短视频，说明了该视频内容有较强的传播性。观众想推荐给其他人或者转发视频，以此表达自己的个人观点和态度。那么，我们就能大致掌握观众们的心理或性格特点，这对我们日后选择内容创作话题有很大的帮助，使我们能不断创作出符合观众口味的短视频。

（3）收藏量高

观众发生收藏视频的行为，就极大说明了视频内容对他们有意义、有用，观众收藏之后还会发生再次观看的行为。分析收藏量的同时可以结合转发量数据进行思考，收藏量高而转发量低，就可能说明视频内容传播具有一定的局限性，可能涉及用户的隐私。

这些基本数据的分析，对短视频内容的策划是很有帮助的。多次的数据比对，可以帮助我们实现对短视频内容的不断优化，让其越来越趋近于观众的喜好。只要被观众青睐，那么，观众自然也会因为喜爱视频内容做出相应的反馈行为，这样一来我们就不用担心流量问题了。

但是需要注意的是，当我们多平台同时进行视频投放时，要尽量对选择推荐平台的数据进行统计分析。因为在推荐平台上发布短视频，平台推荐量是不受平台工作人员的个人意志影响的，而是完全依靠观众行为进行判断的。所以，要选择像今日头条这类推荐平台的数据，才更加真实而有意义。

2. 播放完整率

除了第一点提到的基本数据以外，还应该注意短视频的播放完整率这一数据。

视频的播放量、评论量、转发量等数据更加倾向于用户对视频内容的喜爱程度的表现，而播放完整率则是最能直观反映视频效果的重要指标。

对于短视频内容创作者来说，通过对该数据的研究找到播放过程中，用户最集中的跳出点并对其进行分析。为了提高观众播放视频的完整性，结合跳出点的时间，将短视频的内容加以整合，在观众选择跳出视频播放之前，用内容吸引住他们的目光。

视频开头要避免冗长复杂的叙述介绍，要让视频内容更快地切入到正题，让观众有看完短视频的欲望。而对于视频后续结尾的介绍，也应该尽可能地压缩时间，考虑将这部分融入视频内容中去体现。

一个短视频的播放完整率高，就说明该视频的内容很吸引观众，观众希望看到视频的全部内容。而要提高观众对内容的喜爱，不但要求内容选题有特色，同时也要正确把握好视频的播放时间，将最精华的内容浓缩到最短的时间内，这才是对短视频内容最好的把控。

3. 退出率

短视频的退出率高低和内容也有很大的关系。一般来说视频退出率高有两种原因，一种原因是，视频的内容对用户来说没有吸引力，观众没有往下看的欲望。另一种原因是，短视频标题很新颖、很吸引人，但是视频的内容和标题不相符，观众心理落差大。

很多团队为了追求高数据量，就会夸大标题，反而得不到实质性的效果。因此，在内容方向的选择上，一定要根据团队的定位出发选择用户喜爱的话题内容。可以多结合一些实事热点话题，让短视频的内容更加新颖、丰富、有趣。这样才能更加吸引观众，降低视频的退出率。

另外，在保证短视频内容质量的同时，也不要忽略标题的影响，要根据内容取标题，才不会出现题文不符的情况。退出率是检查视频内容是否受欢迎的重要指标。

几个简单的小数据就能让内容驱动更数据化，数据有依有据，才能帮助我们不断优化短视频内容，为内容的方向和选择提供帮助。不仅仅是今日头条，越来越多的视频平台都开始为短视频团队们提供更加详细精准的视频播放情况数据。

除了关注上面的几个数据之外，我们对后台提供的每一个数据都可以进行分析，挖掘数据、分析数据是短视频运营的日常工作。只要完整地分析数据，从中发现问题并解决问题等，都有利于我们对视频内容的优化分析。只有对这些数据进行详细的分析，我们才能挖掘出用户真正喜爱的内容，并将这些内容准确地推荐给用户，以此不断地吸引用户，增加用户黏性。反过来，这对视频内容的生产也起到了引导作用。

第 4 章

团队搭建：打造最佳人员配置组合

新时代的创业已经从单打独斗变成了团队作战，短视频团队也不例外。相对于微电影创作，短视频的时长更短，但是“麻雀虽小，五脏俱全”。短视频偏重创意的特点决定了，虽然团队人员较少，但是创意必须突出。因此，团队中每个成员除了按部就班地做好本职工作外，贡献新主意也是非常重要的工作。每一个火爆短视频都离不开团队成员的不断学习与默契配合。

4.1 编导都是全能选手

在一个短视频创作团队中，编导是最高指挥官。在传统影视作品中，导演的工作内容包括策划、脚本创作、镜头、包装以及部分剪辑工作，这一情况在新媒体视频创作中同样适用。一个短视频，虽然只有 5 分钟左右，但是其需要表现的内容却必须完整。视频信息密度大，同时还得吸引用户注意并引起转发，这对于视频的整体规划提出了更高的要求，也是短视频编导的日常工作范围（如图 4-1 所示）。

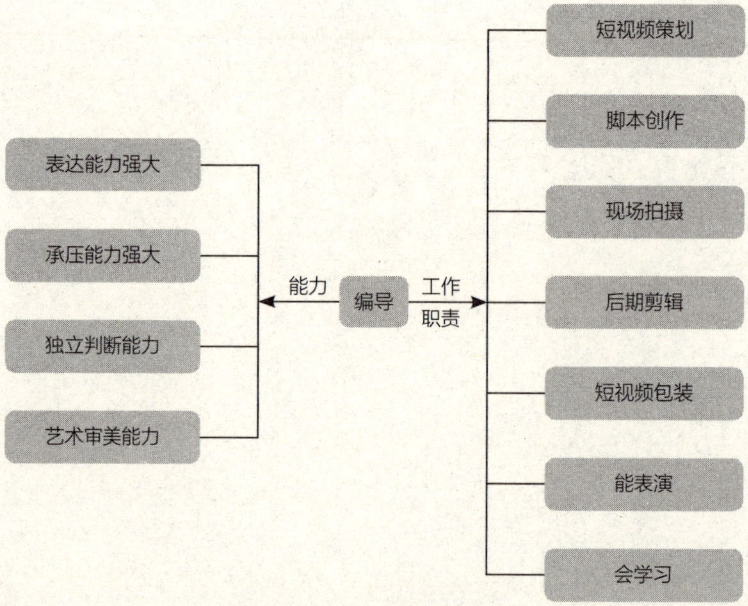

图 4-1　无所不能的编导

一个好的编导，必须按照视频定位以及风格确定好拍摄计划，协调各方面人员保证工作进程。对于人员的整体素质有更高的要求。一般情况下，编导的任职是需要多年工作经验，拥有影视作品的创作经历的，对于拍摄过程中出现的各种情况都能够做到心中有数。此外，短视频需要在短时间内吸引大量的流量，在这个过程中，编导的创意思维是不可或缺的。

一般来讲，一个短视频创作团队的编导应该具备的能力都有哪些呢？具体如下。

1. 表达能力强大

编导的工作内容涉及团队的各个方面，工作能否顺利进行需要各部门的配合。编导在团队中的作用就是协调一致，使大家能够向同一个目标共同进步。因此，优秀的口头沟通能力不可或缺。此外，编导还要负责脚本创作，因此，其文字表达能力也不能太弱。

2. 承压能力强大

在短视频创作过程中，面对投资人以及合作伙伴的时间压力、财务负担以及观众的负面评价等，编导需要顶住压力，将项目持续进行下去，因此，强大的心理素质必不可少。

3. 独立判断能力

在团队中，一切工作都由编导来最终做出决定，编导决定了整部作品的水平。由于各方面条件限制，经常会出现突发事件影响编导的工作节奏。因此，面对众多外界干扰，需要编导坚持自身的审美趣味，做出优秀的作品。

4. 艺术审美能力

短视频作为一种传播形式，是需要一定美感的。因此，必要的审美能力也是编导不可或缺的素质之一。

那么在一个团队中，编导到底都会做些什么工作呢？下面我们来简单了解一下，你会发现，编导简直无所不能。

1. 短视频策划

短视频策划是指根据短视频受众的特征，确定短视频风格以及创作内容的方向。根据内容，短视频大致可以分为以下几种类型：泛娱乐类、知识类、生活类和商业类。

泛娱乐类的受众相对比较年轻，喜欢吐槽和恶搞，这类受众在互联网上是最多的。这类短视频的策划，需要了解受众喜欢的话题，提出创意的想法，对短视频内容的要求就是“有趣”。知识类短视频的受众相对比较理性，喜欢博学以及经历丰富的主讲人，对于短视频内容的要求就是“有料”。对于生活类短视频来讲，受众比较注重的是“有用”。对于商业类短视频，受众比较重视的感觉是“有关”。这些原则对于短视频拍摄具有十分重要的指导意义。

例如，一个生活类的短视频在拍摄时，演员表演不能太夸张，灯光不能太强烈，节奏不宜太快。一个知识类的短视频，拍摄时需要用通俗的语言讲出知识的难点和重点。因此，短视频画面不宜太多跳跃，但是也不能静止不动，使用户产生视觉疲劳，要掌握好讲述的节奏和镜头的切换。

2. 脚本创作

在一个场景中，拍摄不同时间阶段的短视频需要有一个脚本来进行指导。脚本是短视频拍摄的基础，一个好的脚本会对摄影师和演员有明确的指导作用，会使短视频拍摄工作顺利进行。编导进行脚本创作时，需要结合剧本以及短视频的整体风格，对镜头长度、景别、配乐、构图等多个细节进行精心设计，以便增强作品的表现力。

3. 现场拍摄

现场拍摄的工作是前期创作脚本的执行过程。在拍摄期间，涉及编导、摄影、演员对脚本的理解和沟通。编导在现场要严密监控拍摄现场的动向，观察是否完整地体现出短视频的设计思路，对于其他工作人员提出具体要求，力争圆满完成拍摄工作。

4. 后期剪辑

后期剪辑的工作对于能否完整体现出短视频的意图是非常重要的。在这个时候，编导要负责与后期制作人员进行沟通，保证短视频的风格可以得到全面展现。

5. 短视频包装

短视频包装是指片头片尾的设计。包装可以提升短视频的价值，需要编导与客户进行沟通确定最终的设计方案，并且切实执行。

6. 能表演

在短视频创作团队中，编导是一切工作的司令部，最能够理解短视频创作的核心思想和整体风格。在某些创作团队中，如果没有合适的演员进行表演，编导可以充当演员进行创作。

7. 会学习

作为编导，创作短视频不是一蹴而就的。即使是科班毕业的编导，在实际工作中也需要经过多年的学习和磨炼，才能创作出高水平的作品。如果是纯粹爱好者，就更应该加紧知识的学习。其中最重要的途径就是观摩优秀的短视频作品，熟悉常见的拍摄技巧以及镜头表现力，不断磨炼自己的实力。

编导是一个团队的绝对核心。作为短视频创业者，在视频拍摄初期，能选择专业的编导是最好的情况。如果没有选择到科班出身的编导，或者是创业者亲自上阵，创意和热情是必不可少的。短视频的受众不是要看视频有多专业，而是要看视频是否有趣，是否有用。拍摄技巧不足，可以慢慢学习，热情和创意对一个短视频创作团队是非常稀缺的。

4.2 好的摄像师是短视频成功的一半

在短视频团队中，除了编导，最核心的人员就是摄像师。短视频是拍出来的，短视频的表现力以及意境都是通过镜头语言来表现的。一个好的摄像师能通过镜头来完成编导规划出的拍摄任务，并给剪辑留下非常好的原始素材，节约大量的制作成本，并完美地实现拍摄目的（如图 4-2 所示）。

那么，一个优秀的摄像应该具备怎样的能力呢？具体如下。

1. 观察力

摄像师在拍摄现场的工作，就是捕捉演员或者拍摄主体一系列的瞬间，以完成影片的拍摄。其中，细致的观察能力是必不可少的。

例如，一个演员的表情有可能是一闪而过的。如果有细致的观察能力，就可以辨别出其中的区别，挑选一个最有表现力的完成拍摄。

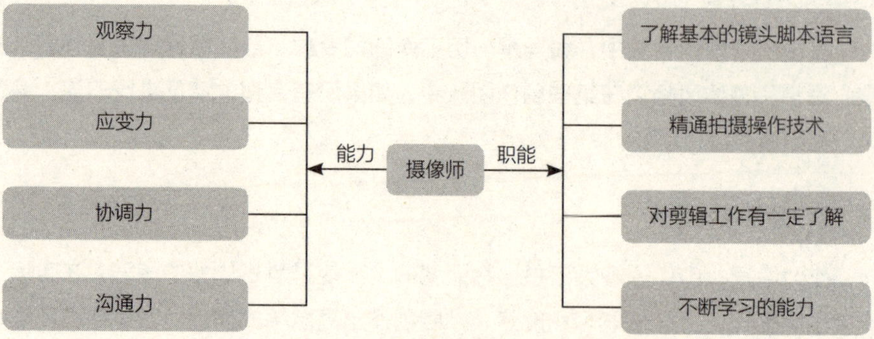

图 4-2 摄像师需要的能力和职能

此外，在现场拍摄中，摄像师还需要根据实际情况，对编导的脚本提出建设性的意见，以便增强作品表现力。这一切的基础就是摄像师细致入微的观察力。

2. 应变力

在拍摄现场会发生各种各样的情况，演员的表现也会呈现多种不同的状态。在各种情况下，摄像师需要在一系列的镜头中，挑选到最佳的拍摄角度、最佳的光线效果以及演员最丰富的表情和个性，以便为短视频的后期制作提供最佳的素材。

3. 协调力

在拍摄现场，摄像师的工作跟场景、服装、化妆、演员等关系非常密切。摄像师对画面负责，因此必然要跟各个部门沟通，协调能力是非常重要的一种能力。协调各个部门的能力，可以为摄像师呈现出最好的画面效果。

4. 沟通力

在短视频创作团队中，摄像师的地位相当于编导的副手。为了拍摄出更好的画面，一些摄像师经常需要跟演员、灯光等部门的人员进行沟通。与编导一样，协调沟通能力对于摄像师来讲，也是非常重要的。

在各个部门协作时，经常不会是一帆风顺的。摄像师要接受来自编导的脚本，了解编导的拍摄意图，指导拍摄工作，又要在实际拍摄过程中，与其接触的演员、化妆、灯光等部门密切沟通，确保画面完美呈现。因此，摄像师是一个非常需要各部门配合的工作，优秀的沟通能力是其必不可少的。

那么，一个优秀的摄像在团队中承担怎样的职能呢？具体如下。

1. 了解基本的镜头脚本语言

在收到编导脚本之后，摄影师要做的就是理解编导的意图；需要根据脚本，自己描绘出一幅生动的画面；根据心中的意象以及需要展示的内容，选择最好的镜头技巧进行呈现，因此，其对于镜头脚本语言的理解必不可少。

在分镜头脚本中，往往写到景别、镜头技巧以及拍摄时间，这些都是摄影师需要提前了解的。

2. 精通拍摄操作技术

在短视频拍摄中，摄影师最常用到的有镜头长度、景别等拍摄技巧。以下我们来简单列举一些摄像师需要掌握的拍摄技巧。

（1）镜头推拉技巧

推镜头是指沿着直线向主体不断走近观看，拉镜头则是沿着直线不断将主体远离拍摄镜头，这两种都可以通过改变焦距来实现。推镜头通过慢慢推进，不断放大主体的细节和表情，适用于突出主体人物或物体，引起观众的注意。与此相反，拉镜头，由于渐渐远离拍摄主体，视野逐渐扩大，可以显示出主体所处的环境，呈现整体的拍摄情景。还有一些情况下，由于拉镜头使观众的注意力逐渐下降，经常直接用于切换场景以及镜头衔接。

在推拉镜头中，需要注意的是，虽然可以通过改变焦距来实现推拉镜头的效果，但是由于变焦时并不涉及周围物体距离的变化，其与真正移动镜头实现的效果还是有所区别的。例如，拍摄狭长空间的主体人物，用移动轨道的效果就比变焦的效果更好。

（2）摇镜头技巧

摇镜头是指对摄像机进行摇动的动作，方向可以是上下的，也可以是左右的，还可以是有一定角度的摇动。在摇动镜头的过程中，摄像机所拍摄到的范围都是其可以表现的内容。缓慢地摇镜头会带给观众拉长时间、空间的“持续性”感觉。

在摇镜头的过程中，要注意确定好起始点和终止点。此外，摇镜头的时候需要注意速度，避免过程中造成设备和人员的损伤。

（3）跟镜头技巧

跟镜头是指主体处于运动状态时，摄像师也跟随主体进行运动的工作状态。在这种情况下，摄像师镜头内的主体由于运动会不断转换场景，拍摄主体不变，但是由于所处环境改变，摄像师也需要随时随地关注主体亮点进行重点呈现。摇镜头对于摄像师的体力和脑力都有非常高的要求。

（4）镜头升降技巧

镜头的升降方式可以是直上直下的，也可以是斜上斜下的，不同的方式可以使视频呈现出不同的视角，为观众呈现不同的视觉感受。如果与速度和节奏配合完美，镜头的升降可以呈现出拍摄主体丰富的主观感受，增强作品的感染力。

（5）甩镜头技巧

甩镜头是指拍摄过程中镜头突然转移至另一场景或另一主体的方式，经常用于表现两个事件同时进行。在甩镜头过程中，摄像师需要控制甩的方向、速度以及与前后镜头的衔接程度等因素。

（6）旋转镜头技巧

在拍摄过程中，为了表现眩晕感，经常会用到旋转镜头的技巧。一般情况下，旋转镜头的拍摄方式有几种，沿着镜头光轴直接旋转拍摄；使用摇臂进行环摇拍摄；摄像机不动的情况下，将物体旋转倒置进行拍摄等。

（7）晃动镜头技巧

晃动镜头是指摄像机进行上下左右前后晃动的技巧，经常用于表现醉酒、头晕等场景，具有十分震撼的视觉表现力。晃动镜头需要摄像师进行不断操作找到合适的晃动频率，以完成内容和情绪的展现。

3. 对剪辑工作有一定了解

剪辑是短视频后期工作的内容，一个优秀的短视频剪辑可以使整个短视频的质量发生飞跃性的提升。剪辑工作非常依赖摄像师提供的摄像素材，摄像师提供的素材质量好，剪辑工作就会很顺利。如果摄像师毫无章法地乱拍一气，会导致后续的剪辑工作无法顺利进行，直接影响影片的成片和上线。

4．不断学习的能力

摄像师是一个在实践中不断成长的职业。因此，对于摄像师来讲，持续学习的能力非常重要。

现代社会中，新事物不断涌现，短视频就是很好的例子。短视频的受众普遍追求新颖，标新立异，摄像师如果还在故步自封，拍出来的东西很快就会与需求脱节。因此，永远保持对工作的热情、对创意的尊重是职业生涯中非常重要的一环。

4.3 剪辑，变素材为作品的神奇推手

后期制作是短视频创作团队中不可或缺的职位。一般情况下，在短视频制作完成之后，需要对拍摄的素材进行选择组合，舍弃一些不必要的素材，保留精华的部分，还会利用一些后期编辑软件对摄影作品进行配乐、配音以及特效工作，其根本目的就是要更加准确地突出短视频的主题思想，保证短视频结构严谨，风格鲜明。

对于短视频创作来讲，后期制作犹如“点睛之笔”，可以使杂乱无章的片段有机组合，形成一个完整的成果。将素材变为作品的过程实际上也是一个精心的再创作过程（如图 4-3 所示）。

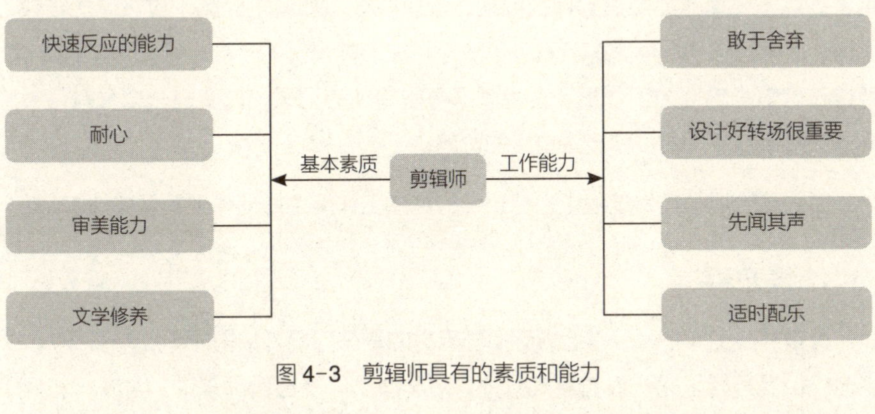

图 4-3　剪辑师具有的素质和能力

那么，在一个短视频创作团队中，剪辑师的工作需要哪些基本的素质呢？具体如下。

1. 快速反应的能力

在拍摄完成之后，剪辑师会按照编导的想法进行后期制作，因此与导演的交流过程是确定后期制作方向和风格的关键时期。在这个时期，剪辑师需要具备的能力就是快速地记忆、理解，对于一些不甚清楚的细节要进行最终确认。这种快速反应能力是一个剪辑师必不可少的素质。

2. 耐心

在工作中，一段短短的视频通常情况下需要好几个小时才能剪辑完成。如果中途去做别的事情，会将剪辑前期积累的思路破坏掉，对整个剪辑过程都会产生不好的影响。因此，剪辑过程往往是一气呵成的，需要剪辑师在计算机前持续工作，其必要的耐心不可或缺。

3. 审美能力

审美能力是剪辑师的基本素质。虽然审美能力在不同类型视频中的需求不同，例如，美业短视频所需的审美能力最高。但是世界上没有观众会喜欢丑的东西，因此不断提升自身的审美能力是剪辑师的重要任务。

4. 文学修养

一些零散的素材被重新整合，成就一个完整的作品，这个过程本身就相当于将一个个方块字组合成一篇文章。对于短视频，作品的亮点和高潮都由剪辑师来负责。对于整篇作品中做到抑扬顿挫，哪里应该添加音乐，哪里应该添加特效，哪里的节奏应该快，哪里的节奏应该放慢都在于剪辑师的一念之间。最终的结果，就是在剪辑师的努力工作下，短视频不再是单纯的记录，而变成一个具有强大感染力的影像故事，对受众产生直接的影响。

那么在短视频创作过程中，剪辑师的具体工作能力如何体现？具体如下。

1. 敢于舍弃

剪辑师在工作中，经常会遇到摄影素材的取舍问题。拍摄时间经常要 10 多个小时，但是剪辑下来一般也就几分钟。对于演员以及摄像师来讲，舍弃一些片段是十分可惜的，但是剪辑师的工作就是去粗取精。对于一些与影片目的明显不符的片段，要勇于舍弃。

2. 设计好转场很重要

剪辑师日常工作中最常见的内容之一是设计转场。转场是指两个场景之间的衔接。在原始素材中，是不存在衔接的。剪辑师的工作一方面使各类转场自然衔接，另一方面是照顾观众的视觉感受以及整个作品的整体氛围。

3. 先闻其声

在剪辑师的工作中，一个常用的技巧是将音乐或者语音放置在画面的前段位置。最终的呈现效果就是，先闻其声，后见其行。这样在设计的时候，画面出现得比较自然，给观众非常流畅的观感。

4. 适时配乐

在短视频的高潮阶段或者温馨时刻，经常会响起应景的音乐。此时的音乐除了可以表达情绪，增强感染力外，还可以使画面的衔接更加自然，对于短视频流畅度的提升有很好的效果。

4.4 将短视频带向大众的运营

经过前期的努力，短视频的内容被创作出来，形成一个完整的作品，等待上线。但这并不意味着大功告成了，而正好预示着另一段新历程的开始，这段历程就是网络推广，是团队中运营人员的主要工作内容（如图 4-4 所示）。

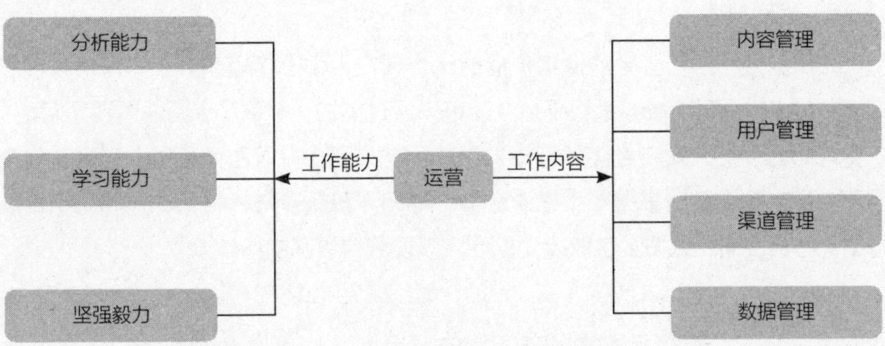

图 4-4　运营人员的职责和应有能力

人们常说短视频创业属于内容创业的范畴，精彩的内容是短视频爆红的基本要求，但是短视频的运营推广依然是个不容忽视的领域。在现在这种多渠道、多平台的传播时代，如果没有一个优秀的运营人员，无论多么精彩的内容，恐怕都会被淹没在茫茫的信息大潮中。由此可见，运营人员的工作直接关系着短视频能否被粉丝注意，进入商业变现的流程。

作为一位短视频团队的运营人员，到底需要做些什么呢？下面，我们来了解一下运营的工作内容。

1. 内容管理

运营人员并不直接参与内容创作，但是运营可以根据市场和用户需求的分析，为短视频的创作方向提供一些导向性意见。例如，运营可以根据网络数据，指导短视频团队的创作方向。一般来说，与粉丝生活相近的内容会获得较多的关注，网络上爆红的短视频大多与新闻、美食、情感等相关。运营人员给出方向性建议，跟编导进行密切沟通，使得拍出的短视频符合大多数用户的心理需求，为后期的推广以及吸粉提供较大的便利。

2. 用户管理

短视频创作出来之后，会被上传至各大网站，供用户观看。短视频的传播跟观众的感受息息相关，一些提升用户感受的活动均在运营的工作范围内，例如，收集用户对短视频的反馈、策划用户活动、筹建用户社群等。好的运营人员，可以充分利用每一次互动的机会增强用户对团队的好感，增加短视频的社会影响力。

3. 渠道管理

人们身处一个多平台的网络传播时代。现在人们上传短视频，不仅可以通过微信、微博、今日头条等大型平台，还可以通过美拍、秒拍等专门的短视频网站。众多网站为了扩大知名度会举行一系列主题推广活动以吸引大量用户观看，作为运营人员，需要及时掌握各类渠道的推广动向，积极参与各种活动。利用平台的力量，为自己的团队多多争取曝光机会，以便获得更多的粉丝。

4. 数据管理

互联网时代，任何线上产品的反馈都会以数据形式展现出来，短视频也不例外，短视频的效果就暗藏在一连串的数据中。例如，某一条视频的全网播放量、单渠道播放量、评论数、收藏数、转发数背后都有一定的意义。一条视频全网播放量很高，但是某一网站的播放量很低，这说明该网站的主流人群对这一类型的视频兴趣不大，此时应该减少该网站的推广预算，并将预算转移到其他渠道上。

运营在团队中的地位相当于“大管家”，其主要职责是将创作出来的内容在网上迅速传播，获得粉丝，侧重于创作团队的整体规划。因此运营人员既要懂内容，又要懂传播。简而言之，对于网民的口味以及团队内的内容创作流程有简单的了解，知道现有的设备和人员可以做到的最好效果是怎样的；在宣传推广时期，有意识地扬长避短，积极引导更多观众传播。一个好的运营人员，需要具备以下几种能力。

1. 分析能力

对于一些刚刚接触短视频领域的新手，其进步最快速的方式就是参考一些优秀的短视频。先从模仿强者开始，逐渐发现规律，慢慢形成自己的风格。

面对一个传播量很高的短视频，我们应该分析哪些方面呢？具体如下。

（1）数据

数据最大的特征就是客观。播放量、转发量、收藏量、评论量一目了然，而且各个数据相结合可以说明很多问题。话题对于视频的传播效果影响很大，通过分析，我们可以知道，粉丝对于哪些话题具有强烈的兴趣，对于什么样的话题吐槽最多，这可以为话题策划提供重要依据。

（2）用户评论

评论区是运营人员直接获得客户反馈的地方，客户会将观看作品的感受写在下面。短视频中打动用户的“点”一般都会被留言出来，这些对于运营人员来讲是非常宝贵的资料。

（3）标题

标题对于传播的影响力不言而喻，一个短视频是否爆红跟标题有很大的关系，点击量高的短视频一般都有漂亮的标题。通过对标题的分析找到用户的偏爱，为短视频传播提供重要的保障。

野食小哥是微博短视频红人，自 2016 年 7 月以来，短短一年多时间，其微博粉丝已经突破百万大关，并在2017年“微博超级红人节”中，获得“美食十大红人”称号。野食小哥的视频内容大部分是关于野外制作美食的过程。

短视频标题都非常精彩，例如“有些鸡，注定要留在回忆里（泪点低的就别看了，会哭）”“茅屋和我的饭盒煲仔饭”等对于生活在城市里的人们来说非常新奇有趣，容易引起用户的广泛兴趣。

短视频领域此类创意较少，野食小哥每次发布视频，转发和评论数都在2万以上。从用户评论可以看出，用户对于此类短视频十分喜爱。

这些都是其他短视频团队需要借鉴的宝贵之处。

2. 学习能力

短视频是一个全新的创业领域，其运营方式还没有形成体系，需要在工作中不断摸索。此外，短视频运营人员大多来源于其他运营领域，需要在工作过程中及时补充有关短视频创作的各种知识，形成自己的运营方式，这才是团队长期发展的最好保障。

3. 坚强毅力

运营是一个压力很大的工作，对内要负责内容的策划方向，对外要负责内容的推广，经常跟各种人员打交道，尽量满足各方面的要求。因此，这个岗位需要工作人员有很强的自我调节能力，才能将工作坚持到底。

精彩的内容是短视频的必备技能，网络运营是短视频能够爆红的幕后推手。在各种新媒体泛滥的时代，运营已经变成团队的必要配置。通过运营的努力工作，短视频才能到达喜爱它的用户面前，整个团队才可以脱颖而出，获得健康的发展。

4.5 非专业演员一样可以成为大 IP

快速崛起的短视频行业正如当时如火如荼的微电影一样，吸引了大批优秀的新媒体进行创作，对于短视频演员的需求也开始大量增加。一个优秀的短视频，可以在网上造成上百万的浏览量，这与编导、摄像等工作固然密不可分。但是不管多新颖的创意，都需要踏踏实实地落实在演员的表现上。因此，对演员的挑选也是创业团队不可或缺的部分。

短视频行业的演员根据视频类型的不同，需要具备的表演技能也不同。短视频的时长决定了短视频演员跟传统的演员不同。通常情况下，不同类型的短视频对演员的要求也不一样。

例如，脱口秀类视频，倾向于一些表情表现比较夸张，可以惟妙惟肖地诠释台词的演员；故事叙述类视频，倾向于对演员的肢体语言表现力以及演技要求较高；美食类视频节目，对于演员的要求是传达食物的吸引力，很多视频产品经常选用体型相对肥胖的演员，因为他们更容易突出主题；此外，一些生活技巧类、科技数码类以及电影混剪等视频对演员并没有太多演技上的要求。

许多想要进入短视频行业的演员经常会同传统的专业演员相比较，感觉自己并不适合做短视频的拍摄。其实这么想是因为其对短视频行业不够熟悉造成的。专业演员有专业演员的优势，在一些注重故事情节的视频中，采用专业演员是不错的选择。但是其他短视频类型对演员的要求相对低得多，只要演员不惧怕跟各岗位人员沟通，不怕镜头，心理素质较强，可以应付拍摄期间编导和摄像的基本要求即可。可以说，这样的起始条件很多人都具备。因此，短视频中出现的演员有很多都是团队本身的工作人员，各岗位人员都有做演员的机会（如图 4-5 所示）。

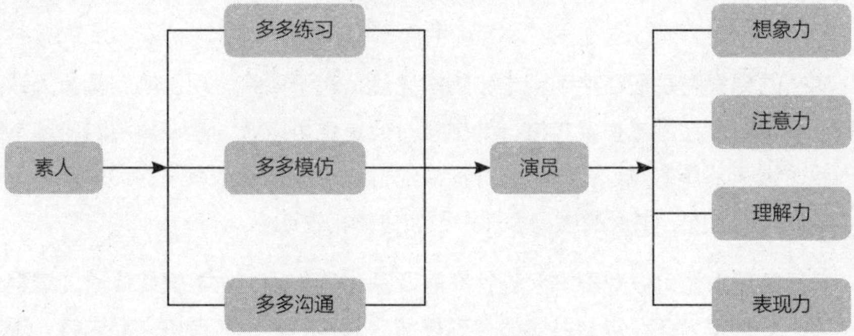

图 4-5　从素人到演员

虽然如此，作为短视频呈现最重要的环节，一个未曾经过专业训练的素人如何才能够胜任镜头前的几分钟，圆满地完成任务呢？具体如下。

1. 多多练习

在录制视频前期，新手演员难免会出现紧张的情况，这是十分正常的现象。

因此，演员平时在不录像的时候，多多背诵熟悉台词，缓解紧张情绪，争取在视频录制期间做到不怯场，不丢失重要信息。

2. 多多模仿

在短视频行业，目前已经涌现出一些广受欢迎的演员。作为新人，可以多向前辈学习取经。

例如，同样也要做脱口秀的视频，可以去学习台词、节奏、表情等，通过不断总结经验，得到提升。

3. 多多沟通

在团队工作中，演员最重要的是表现剧本中的内容和风格，因此，对于编导、摄像以及其他部门的沟通是多多益善的。只有充分理解了编导的意图，才能在真实的表演经历中有更好的发挥，以顺利完成拍摄。

那么在短视频拍摄中，怎样的演员才算是好演员呢？一个优秀的演员需要具备的能力有以下几种。

1. 想象力

演员的想象力是指在接到剧本和脚本之后，对于即将呈现出的剧情有大致的了解。尽管这是在剧本框架内进行的想象，但是也可以认为是在表演时对剧本进行自我改造再创作的过程。对于编导提供的框架，演员要在有限的环境条件下将剧本中一些抽象的、书面的事物表现得更加具体和生动。

演员的想象力可以对剧本起到补充以及深化的作用，触发情绪体验，增强作品感染力。想象力还可以激发演员在现场即兴创作，丰富和改进作品内容。想象力与平时的生活积累和艺术修养都有十分重要的关系，只有积累了足够的经验，才能在表演中调动自身的想象力，为作品增强独特的生活气息。

2. 注意力

现场拍摄期间，演员遭遇的环境可能很复杂，经常会遇到很多干扰，例如恶劣的天气、围观人群等。这个时候就特别需要演员专注于自身的表演，专注于对手演员的表演并积极主动地做出真实反映。一个优秀的演员，必然可以在片场沉浸在角色里，善于利用表演技巧展现人物个性，不受外界干扰，始终保持专注。

3. 理解力

演员是按照剧本和脚本来表演的，而且在工作过程中需要与多个岗位进行密切沟通，以便调整表演方向，保证短视频的呈现效果。因此，对于剧本的准确把握是至关重要的。剧本是剧组一切工作的大纲，而演员就是剧本生动呈现的直接载体，因此较强的个人理解能力是必需的。

4. 表现力

演员的基本功就是表演。在短视频创作中，演员要在短时间内传递的信息较多，因此多使用比较夸张、网络化的表情。较强的表现力更能吸引用户观看，对于演员来讲这是一个非常重要的基本素质。

4.6 不懂合伙，注定散伙

对于一家企业来说，最难能可贵的是人才。同样，对于创业者而言，合适的合伙人也是非常难得的。真格基金创始人徐小平曾表示，在他眼中，“合伙人的重要性超过了商业模式和行业选择，比你是否处于风口上更重要”，而是否有合伙人，也是真格基金选项目的标准之一，对于这个观点我是十分赞同的。

我们不妨设想一下，如果当年马云没有找“十八罗汉”合作，能创建现在的阿里巴巴吗？乔布斯和沃兹尼亚克不联手能创办苹果公司吗？一个人爬不上雪山，过不了草地，一个人撑不起一个优秀的团队，我们处在合作共赢的时代，合伙创业也是短视频多媒体行业发展的形势所趋。

对于短视频创业者而言，合伙创业的优势主要体现在以下3个方面（如图4-6所示）。

1. 心理支柱

一个好的合伙人是短视频创业者心灵的港湾，在遇到困难时，携手共进，并肩前行。在创业失败的时候不离不弃，在创业成功的时候陪你开怀畅饮。这种精神上的力量实属难得。

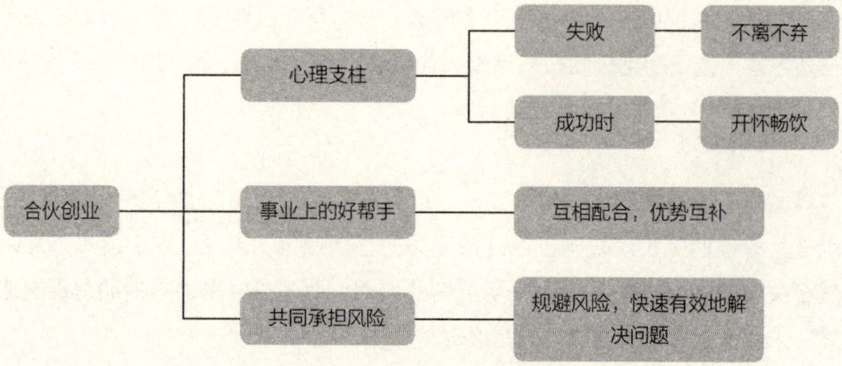

图 4-6　合伙创业的优势

2. 事业上的好帮手

合伙创业本来就是互相配合，优势互补的。“三人行必有我师”“术业有专攻”，每个人都有自己擅长的领域，将该领域积极运用到短视频创业中，并发挥到极致，很有可能就取得一番成就。合伙人是短视频创业中不可缺少的必要条件。

3. 共同承担风险

短视频创业起步阶段，企业还不稳定，随时面临考验，所以短视频创业者最好要结伴而行，可以更好地规避风险，快速有效地解决问题。与单打独斗式的创业比较起来，合伙创业优势是十分明显的，例如，可以风险共担，在决策时可以群策群力、更加充裕地利用创业资源、合理有效地调遣人员等，更有利于短视频企业快速发展壮大。

但是，任何事物都有两面性，各有利弊。短视频合伙创业意义是重大的，但是出现的问题也挺多，例如，各有主张，决策意见难统一；遇到困难时都往后缩，都不想承担责任，有好处时都往前挤，想瓜分利益等。这些问题往往会导致合伙关系的破裂，使创业者身心俱疲，人财两空。

合伙创业不一定总是皆大欢喜的，当然，天下没有不散的宴席，好聚好散也是不错的结果。现实中因为意见不合、利益分配不均而最终导致分道扬镳甚至企业倒闭的案例屡见不鲜。合伙创业过程不确定，结果不可预期，为了避免以后出现纠纷，在创业初期，我们就要做好相应预防。

1. 选择合适的合作伙伴

（1）价值观相同

合伙人的价值观不同，理念不同，追求当然不同，那么又怎么期望他们会风雨同舟，半路不分道扬镳呢？对短视频企业的创业者来说，只有选择价值观相同的合作伙伴，而且愿意投身于发展短视频事业上的合伙人，才能在互联网发展领域里携手走得更远。

（2）要有优势，形成优势互补

简单来说，如果你没有任何劣势，企业自己完全能搞定，何必再找合伙人，这不是徒增负担吗？短视频创业者需要寻找在资金、技术、运营或其他重要领域可以独当一面的同盟军。所以作为合作对象来说，要么是拥有充足的资金，要么有先进的技术，要么懂运营。

归根结底，与合伙人的合作，就是各取所需，优势互补的合作。

2. 签署一份书面协议

在决定合作之前，短视频合伙人的股权如何分配，以及将来做大后的股权稀释等问题，都必须拟定协议，大家共同遵守。例如，短视频新媒体创业起步总的资金投入，分摊到每个合伙人身上，以此计算每个合伙人股份，产生的利润也依据股份来分配等。

3. 合理分配股权

不合理的股权分配不仅会影响短视频合伙人之间的真诚合作，甚至会在企业发展关键时期带给企业致命打击。短视频创业者合伙创业的初衷，就是追求利益的最大化。所谓合伙人，股权上与他分享，利益上与他分享，那么他自然愿意一路追随，携手走过艰辛的创业长征路，不抛弃、不放弃。

合伙创业，合伙人既要有软的交情，又要有硬的利益，才能长久。合理分配股权，确保每一个合伙人的合法权益，是每个短视频合伙人统一战线、并肩作战、共同奋斗的前提。

4. 有核心领导人

优秀的短视频企业一定要有核心领导人，即“老大”。“老大”不清晰，企业股权没法合理分配。短视频合伙创业中一定要有个老大，其有绝对话语权，可以控制局面，遇到问题能妥善快速地解决。当然，对于老大也要有所制约，不能一股独大，出现独裁的局面。

例如，遇到短视频周期更新缓慢、视频质量无法得到保证、粉丝无法得到及时回复等这些小问题时，可以民主协商，共同解决；但是对于短视频内容定位和视频方向等这样有决定意义的问题时，如果出现分歧，核心领导人必须首先站出，集中决策，一锤定音。在这方面，罐头视频和浑水自媒体江湖都做得比较成功。

5. 财务公开透明

财务是企业的关键。如果短视频企业资金充足，最好是外聘财务人员。财务人员按照财务制度办事，财务账目自然清晰明了。

如果公司刚刚起步，暂时还请不起会计和出纳，那么大家就共同协商管理或者找一个都信得过的人管理财务。按照财务制度办事，做到公开透明，所有公共资金都必须等结算后再固定分配，统一管理，不能私自挪用，更不能为自己的利益徇私舞弊。亲兄弟也需明算账，何况是合伙人呢？

4.7 短视频行业如何招聘人才

一支优秀的短视频队伍有赖于有经验、有才能的人员加入，短视频多媒体的日常工作需要每个团队成员共同来分担，当然，短视频新媒体要想在日趋激烈的竞争中站稳脚跟，更离不开每个团队成员的辛苦付出。乔布斯有句话非常让人震撼：“我过去常常认为一位出色的人才能顶两名平庸的员工，现在我认为能顶五十名。我大约把四分之一的时间用于招募人才。”

由此可知，“人”的因素对于企业的发展往往发挥着关键的作用。所以要创建一个精良的短视频团队，最重要的工作之一就是招募人才。那么，短视频企业如何找到需要的人？结合短视频运营的特点，我认为可以将招聘分为以下 5 个步骤（如图 4-7 所示）。

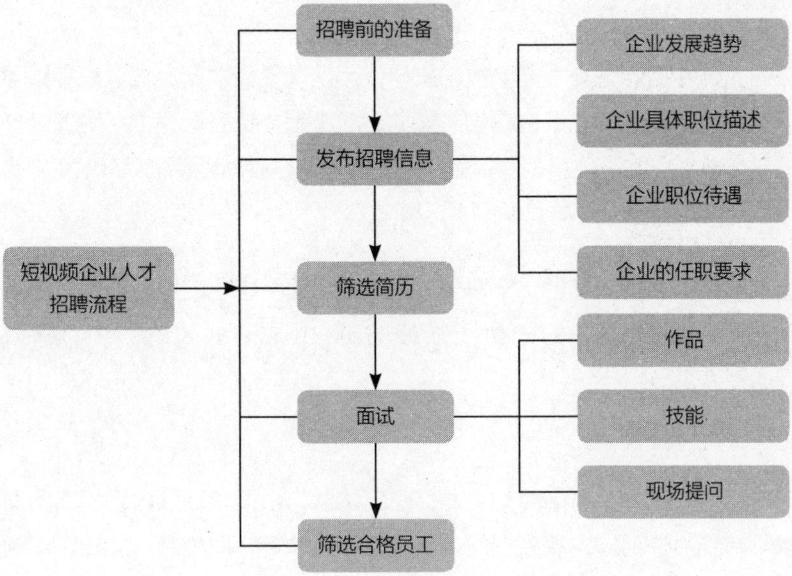

图 4-7 短视频人才招聘流程

1. 招聘前的准备

在进行成员选拔之前，应该先分析团队自身的基本情况，只有清楚需求是什么，才能按照这个方向找到合适的员工。因此，在招聘前我们需要做些基本工作，主要分为以下几点内容。

（1）明确岗位需求

一支优秀的短视频团队往往需要编导、摄像师、剪辑、后期特效包装等相关的职位。不同职位在团队中发挥的作用各不相同，因此应该先清楚自己的团队缺少哪方面的人才。明确岗位需求，才是招聘的关键。

（2）渠道分析和选择

确定好短视频团队的用人需求之后，需要了解所在地人才集中和流动情况，同时对现有的招聘渠道做出优劣分析。综合短视频团队所需人才的标准和要求，选择合适的招聘渠道。

在选择渠道时，不仅要考虑团队预算，而且还要从应聘者的质量、数量、与招聘岗位的匹配程度等方面考虑，看是否可以满足短视频团队的用人需求。

（3）拟定信息与宣传

在正式开始招聘之前，需要提前拟定好团队简介、发展历程、短视频团队显著的优势、行业前景等相关的内容，如此对应聘者才更有吸引力。除此之外，可以专门制作有特色的宣传册、海报等产品，提高求职者对团队的认知。

（4）场地选择和准备

提前选择好面试的场地，干净整洁又能突出团队特色的地点最佳。确定地点后，还要对场地进行简单的布置，提前备好笔、纸、茶水、申请表等，并且需要有专门的接待人员。

（5）成立面试小组

提前组织好面试小组的成员，准备好面试题。短视频团队可以根据不同的用人需求，有针对性地向求职者提问。面试官提前准备好面试题，才能了解到求职者真实的专业功底、应变能力或者自我创新的能力。

做好以上 5 点准备后，就可以开始进入到真正的招聘流程中。

2. 发布招聘信息

在做好招聘前的准备工作之后，接下来就应当在相应的渠道发布相关的招聘信息。一般来说，一份动人的招聘企划书，至少要包括以下 4 个方面。

（1）行业发展趋势

对于每一个求职者而言，他们往往更愿意踏足一个充满发展前景的朝阳行业。因此，一份招聘企划书中，最不可缺少的部分就是对整个短视频行业的发展趋势进行描述，要真实地让求职者清楚了解自己未来要面对的一个行业究竟是怎样的。

（2）具体职位描述

对具体的招聘职位进行解读，例如摄像师主要负责的工作就是要设计镜头、采光及拍摄整个过程，包括前期需要搭建摄影棚、设定视频拍摄风格等。

（3）职位待遇

职位待遇往往是求职者最关心的问题，不仅要注明基本工资、加班补助、奖金信息，还要将工作环境、上下班时间、晋升渠道等现在求职者普遍关心的问题一并写明。必要的时候，也可以介绍下公司以前举办过的活动、聚会等。

（4）岗位任职要求

由于短视频行业目前尚处于起步阶段，如果硬性指标符合，其他的要求我们可以适当放宽。例如，剪辑师如果特别精通剪辑软件，只会基础的包装软件，在没有更合适的人选的情况下，也可以考虑放宽要求，毕竟后期不断地进行学习也是可行的。

3. 筛选简历

在这里我们会筛选出两种人：第一种是从事过多媒体短视频行业的人，第二种是有相应的视频技能并且热衷于短视频新媒体发展的人。这两种求职者往往可以很快地融入团队中来，也恰恰是我们所需要的。

4. 面试

面试作为招聘流程中最关键的一环，往往决定着企业能否成功地发现并吸引到合适的工作人员，因此，招聘方对这个环节必须予以足够的重视。一般而言，面试环节主要从以下3个方面考虑。

（1）作品

是否有自己的作品，在作品中担当什么角色，是编剧、剪辑还是运营，在哪个公司创作的作品，多长时间完成这个作品以及作品的反响等。

（2）技能

有哪方面的技能，具体都会些什么软件，是否能运用到以后的工作中等，这是求职者和岗位相匹配的最基本条件。例如，我们聘用的是编导，只精通策划，不懂镜头脚本的话，会严重影响短视频的进程。

（3）现场提问

主要是考验应聘者的现场反应能力。针对编导我们会给一个主题让他来现场策划，看他是否有创意和策划能力；针对摄像师我们会让他现场拍摄一段视频，看他拍摄的作品是否清晰流畅；针对剪辑师我们可以拿出一段视频让他当场剪辑，看他的剪辑效果；针对运营，首先要了解他对视频是否感兴趣，是否能担当短视频的后期推广的重任。

综上这些只是我们最基本的要求，其他方面，例如应聘者的学识、价值观、性格等就不一一举例说明了，相信大家自有方法分辨。

5. 筛选合格员工

经过面试，我们已经初步了解了应聘者的基本信息，一般而言，只要应聘者符合短视频企业的要求，那么就可以考虑将其纳入短视频团队中。当然，性格开朗，热爱互联网，希望从事短视频工作的应聘者会优先考虑。

需要注意的是，短视频企业作为全新的媒体行业，其工作性质和要求与传统行业的工作性质和要求还是有所不同的，除了以上招聘流程，相关企业在招聘时应注意以下方面。

（1）招募的人员并非多多益善

人不贵在多，而贵在精。虽然团队对于企业的发展具有巨大的作用，但是这并不意味着团队成员越多越好。例如，一个优秀的摄像师精通拍摄和镜头脚本，短视频后期就不需要过多剪辑了，从而就会大大降低短视频的制作成本。

papi酱短视频一度风靡全国，然而根据papi酱合伙人杨铭的说法，前期一系列视频都是papi酱本人自导自演的，她不仅担当编导，而且充当演员，当然也负责拍摄和剪辑。身兼数职的papi酱创造的价值是不可小觑的。

一人多职，不仅能发挥员工的最大潜力来创造最大价值，而且能提高视频更新速度，降低短视频制作成本。

（2）招聘需有效

当通过层层筛选，招聘到了符合企业要求的新员工时，还要在新员工入职后及时跟进。如果新员工不能胜任短视频工作需要，势必会影响到整个团队的发展，例如，短视频周期更新缓慢、视频质量无法得到保证、粉丝无法得到及时回复等，这样的招聘与组建团队的初衷相背离，也不是一个有效的招聘。负责招聘的人员要根据实际效果的变化适时地调整自己的招聘方法，只有能够真正胜任短视频工作的人才，才是我们最终所需要的。

例如，在东北猫新媒体团队中，有优秀的编导。在短视频的制作周期和制作成本比较小的情况下，一位专业人士就可以完成日更。而对于一些产品线需要反复打磨推敲，制作周期和制作成本比较高的产品线，可能四五个人一周才能打磨出一个优质视频。

短视频团队需要追求的是精品，而非数量，因此，每一个视频都应该通过精心的打磨，最后再追求效率和产出。

（3）招聘要量力而行

在市场经济条件下，求职者的待遇往往与个人能力成正比的。能力强的人待遇高，能力弱的人待遇就低一些，企业要根据自身实际情况进行招聘。

如果企业资金充足，那么在招聘短视频团队的过程中可以以高出行业平均水平的薪资来吸纳有经验的高端人才。反之，如果企业还处于初创阶段，资金实力还比较有限，初期可以尝试招聘一些对起步薪水要求不高的应届生，或者想转行从事短视频行业的人员，毕竟短视频的制作过程并不复杂，通过后期的努力学习也是完全可以胜任的。

对于初期的短视频创业团队而言，如果可以由 1 个人完成所有工作，那自然是最节省试错成本的，但是，这个人必须集策划、拍、演、剪以及包装等多个能力于一身，还要了解运营方面的一些工作。如果是两个配置，那必然是编导和运营的组合，不过，这个编导一定要全能，要能够胜任与视频内容相关的工作。

对此，我的建议是，如果你的视频内容方向已经确定，视频周产计划为 2 到 3 个，视频时长在 5 分钟左右，那么，最佳人员配比为 4 到 5 个人，当然，这和内容方向也有着极大关系，有些复杂的内容团队人数还需要相对增加。

由于每个短视频团队的产品品类和质量各不相同，并没有一个具体的标准来说明什么样的人员配比才是最合理的。任何一个短视频团队都应该结合自身的实际情况和需求，选择员工的质量和数量。

总之，短视频企业要根据实际情况或者预算，进行有效的招聘，在适当的时候，优化人员结构，争取达到最佳的人员配置，组建一支高效优良的视频团队，制作优质的视频内容，提高短视频更新速度，快速做到短视频行业的佼佼者。

第 5 章

策划先行：好策划才有好作品

05

古人云："凡事预则立，不预则废。"其中的"预"，就有策划的含义。无论是新媒体运营还是商业运作，策划都有至关重要的作用。对于短视频而言，策划是为了更深层次地诠释内容，将作品的中心思想表达得清清楚楚，实现资源的优化配置。不同的策划水平直接关系到后期的各种活动，因此，只有好策划才能有好作品。

5.1 在脚本与剧本中取舍

脚本和剧本是短视频策划中存在的两种截然不同的表现方法，虽然表现出的内容存在差异，但是很显然它们都是为了服务视频剧情而存在的。脚本侧重于表现故事脉络的整体方向，相当于主线。

与脚本不同的是，剧本呈现出的内容更加详细，除了包括视频内容的整体脉络，还加入了各种细节因素，甚至包括短视频内容发生的时间、地点、人物动作、对话等细节。

在策划短视频时，对于脚本还是剧本的选择也是非常重要的，要根据实际情况来做考虑。短视频最大的特点就在于短，将主题浓缩在小部分时间里，既保证主题鲜明又保证内容精简。因此，在短视频策划时，大多创作者都会选择脚本进行最初的规划。

脚本可分为拍摄提纲、分镜头脚本和文学脚本3种类型，每种类型所使用的短视频类型也各有不同。

1. 拍摄提纲

拍摄提纲相当于为短视频搭建出一个基本框架，在短视频拍摄之前，将需要拍摄的内容罗列整理出来，类似于提炼出文章的主旨。选择拍摄提纲这类的脚本，大多是因为拍摄内容存在着不确定因素。

摄影师提前做好大致方向，在拍摄的过程中可以根据实际做灵活处理，因此，这种类型的脚本更适用于纪录片或故事片的拍摄。

拍摄提纲对脚本内容没有刻意的限制，允许摄影师在现场自由发挥。但是，对短视频后期的修改指导却是有限的。因此，在选择脚本类型时，要考虑所拍摄短视频的方向和内容，是否存在诸多的不确定因素。

只要不存在这方面因素，就不要选择该类型。否则，会给后期制作、修改带来不必要的麻烦。

2. 分镜头脚本

在脚本的三大类型中，分镜头脚本是最细致的。每个分镜头脚本的写作会将视频中的每一个画面都体现出来，包括对镜头的要求也会一一写出来。分镜头脚本创作起来是最耗费时间和精力的，也是最复杂的。

而快餐时代，人们越来越重视时间消耗和效率，短视频正好具有满足人们这种心理的潜质，内容精简、信息量大、主旨鲜明、生动形象。因此对于一般的短视频而言，拍摄内容不会很复杂，因此选择分镜头脚本进行策划的比较少。

分镜头脚本对视频的画面要求很高，更适合一些类似于微电影的短视频使用，这种类型的短视频由于故事性强，对视频更新周期没有严格限制，创作者有大量的时间和精力去策划，完全可以使用分镜头脚本，既能保证严格的拍摄要求，又能提高拍摄画面的质量。

3. 文学脚本

文学脚本在拍摄提纲的基础上增添些细节内容，更加丰富完善脚本。文学脚本和上面两种脚本类型相比，更加灵活，它会将拍摄中的可控制因素罗列出来，而将不可控因素放置现场拍摄中随机应变。因此，在时间和效率上都有提高，很适合一些不存在剧情，直接是画面和表演的短视频。

例如，罐头视频就是运用的这种脚本方式。罐头视频属于生活类的短视频，每期视频会向观众展示一种生活小技巧。视频内容直接就是画面和手动操作的过程，不存在剧情表演（如图 5-1 所示）。因此，在拍摄时重点更加倾向于对镜头的控制和要求，这也是文学脚本的一大特点。

3 种脚本分别适用于不同类型的短视频，但并没有具体地划分哪些短视频适合哪种类型的脚本。短视频策划时脚本追求的是内容尽可能地丰富完整，化繁为简。因此，很多人在策划短视频时并非严格按照每个类型的脚本的要求进行写作。而是选择介于脚本和剧本之间的一种新的改良方式，我们都知道脚本更倾向对画面的设计，剧本更加偏重于对情节的把握。短视频形式多样，单纯的脚本形式或剧本满足不了创作，因此，需要二者相互结合。

图 5-1 《罐头视频》微波炉制作红枣糕视频截图

《陈翔六点半》以幽默情节短剧为定位，一度在互联网短视频中引起热议，数次跃居头条短视频营销力排行榜的榜首。他们的成功离不开团队的策划与合作。

就拿六点半团队来说，他们策划中使用的脚本形式就是介于脚本和剧本之间的一种新形式，陈翔六点半的每个短视频都包含了场景表演，涉及了人物对话、动作、旁白等，因此常规的脚本形式不能满足需求。

除此之外，在后期的修改制作时，还会将剧中人物的声音进行特殊处理，这也是脚本中所涉及的内容。类似于陈翔六点半一类的短视频，由于其包含情境表演的内容，在创作脚本时更加注重对人物的刻画。而对人物的设计就属于剧本的范畴了。

对于一些剧情表演和技能表现结合的短视频，选择这种介于脚本和剧本中间的改良方式，不但能满足对画面的设计，而且加上对话还能体现视频的故事情节。

在脚本和剧本中取舍，不应该过于刻板，要结合短视频的特点，对脚本做出一些创新和改良。

不要局限于脚本的条条框框，将视频创意的拍摄细节、思路、人物对话、场景等内容丰富到视频脚本中，将一切需要的内容留下，那些不可控的，没有用处的内容全部去除掉。

这样一来不但节省时间和精力，而且还能让短视频获得最好的效果。总而言之，对于短视频脚本，在保证精简的同时还要力求内容的丰富流畅。根据每次拍摄视频的特性，选择适合的脚本类型。

5.2 按照大纲安排素材

对于每个运营者来说，拥有自己的素材库是很有必要的，但是仅有素材不行，还需要会选择素材，安排好每次短视频拍摄需要的素材。而素材的安排就要根据短视频内容来进行选取。在策划拍摄短视频时，我们会对主题内容进行一个大概的规划。

大纲属于短视频策划过程中的工作文案，因此，写作大纲一定要注意把握两点要素：一点是要在大纲中呈现出短视频的几点要素，包括主题、情节、人物、结构等，另一点是要能一目了然地看到短视频所要传达的信息。

一个合格的大纲必须要包括以上几个方面，这样才能在接下来的策划工作中为短视频安排相应的素材，从而丰富短视频内容。短视频最重要的就是素材，如果视频素材选择合理，视频标题不是太差，那么短视频播放量也就不会太低。

相反，如果素材安排不恰当，即使标题再好，播放量也不会太高，因此，就要按照大纲的几点基本要素安排素材。

1．主题

大纲中必须包含的一个基本要素就是主题，主题就是短视频所要表达的中心思想，可以简化成一句话“你想要向观众传递什么的信息”。主题是最容易被忽略的，但却是决定短视频质量的关键。

每个短视频，都是在表达某种中心思想，而素材就是中心思想的支柱。有了支撑点、依靠，才能撑起主题，才能使短视频更有说服力。因此，在安排素材时一定要紧扣视频主题。我们经常会说“量体裁衣”，套用在这里就再合适不过了。

即刻视频在制作《真味法国》系列短视频时，为了突出以法国为主题，就与法国团队合作拍摄，让画面更地道。整体短视频拍摄背景都是法国的街景，在背景音乐素材的选择上也以法国情调的音乐为主。视频以法式风格为主，包括视频中出现的文字素材也都是用法语的形式体现出来的（如图 5-2 所示）。

图 5-2 即刻视频《真味法国》系列短视频截图

除了《真味法国》系列，即刻视频每拍摄一个系列的视频，都会结合相关主题，选择相关的拍摄素材，从画面背景音乐都紧紧围绕主题。

如果说大纲的中心思想是“体”，那么要选择的素材一定是要和主题有着密切的关系且合适的。素材的选择不在于多少，而在于是否能真正地表达短视频内容的主要思想，使主题更加鲜明。

主题是短视频的中心思想也是创作者的拍摄意图，即使是相同的物、相同的事件、相同的景色，由于创作者的拍摄意图不相同，素材的安排选择也就大相径庭。因此，在为短视频安排素材时，一定要符合主题表达的内容，明确短视频的风格，要毫不犹豫地剔除与主题没有直接关系的素材。

2. 故事情节

大纲中的故事情节包含了两部分，一部分是故事，和我们写文章经常会提到的六要素一样，包括时间、地点、人物、起因、经过、结果。另一部分就是情节，是指短视频中人物所经历的波折。

故事情节是短视频拍摄的主要部分，而素材的收集也是为这一部分而准备的，拍摄需要什么样的道具，视频中人物需要什么样的造型、什么样的背景、什么样的风格、什么样的音乐，都是通过故事情节而定的。

通过设定主题，可以有初步的拍摄思路，筛选出适合的素材，而对故事情节的了解，就能更加精确地挑选出合适的素材，并且能在现有素材的基础上进行创新。

只有在弄清楚故事情节的发展之后，才能运用各种各样的素材内容来丰富视频。除了在拍摄时要根据故事情节选择素材，在后期剪辑时，剪辑师也需要弄清楚故事的整体脉络，知道哪些素材剪辑到一起更合适。

3. 短视频题材

短视频大纲内容还包括对视频题材的阐述，不同题材的作品有不同的创作方法和表现。短视频的产生时间虽说不长，但是早就山头林立了，各种题材应有尽有。而常见的就有幽默类、生活技巧类、数码类、美食类等。

不同类型题材所对应的素材各不相同，这里以科技数码类的短视频为例。数码类产品本身具有复杂性，且更新速度较快，虽然能够给我们带来源源不断的各种素材，能够保持观众的持续关注，但是在这类视频拍摄时，一定要注意对素材的时效性进行严格的把控。这就需要获得第一手的素材，快速进行处理、制作然后进行传播。

针对科技数码类的短视频，其早一秒播出带来的价值是极高的。因此，在安排素材时一定要紧贴视频题材，根据题材的特点来搜集素材。

在短视频策划初期，大纲所传递出来的信息是至关重要的，大纲的内容大致为拍摄建立了一个框架结构，无论是后期拍摄还是安排素材，都和大纲有着千丝万缕的联系。按照大纲的方向一步一步进行才能保证短视频拍摄的质量。

5.3 镜头流动：引导观众营造影响

镜头的移动牵扯到视频中空间、时间的变化，而观众在观看视频时所感受到的时间变化与节奏变化，都是因为镜头流动而产生的。短视频是以镜头为最基本的语言单位的，而流动性就是镜头主要的特性之一。

镜头的流动性除了表现在拍摄物体的运动之外，还表现在摄像机镜头的运动上。每个事件都有其事态发展的过程，而在短视频中就是通过镜头流动，将一切事件的发展过程如实、流畅地表现在屏幕上，让短视频的视觉表现力增强。镜头流动可以使画面更加充满魅力，给观众营造出独特的意境（如图 5-3 所示）。

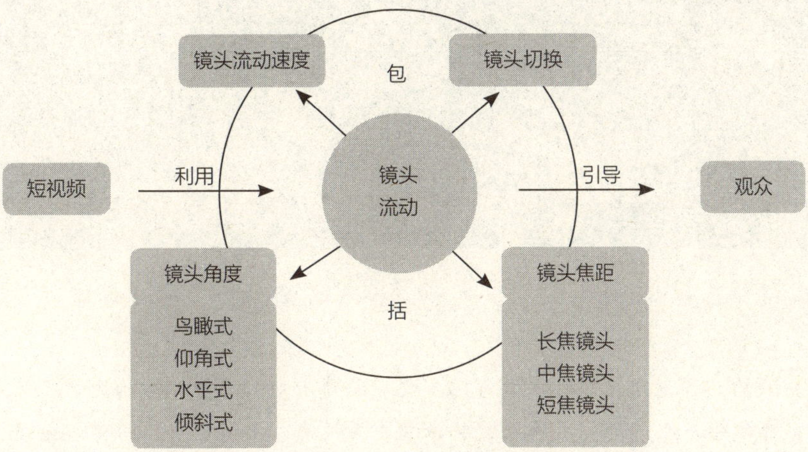

图 5-3　镜头流动要素

1. 镜头角度

镜头角度的选择，也是镜头流动性中的一方面。镜头的角度对短视频画面呈现的效果尤其重要，角度可以是正面、侧面和背面的。不同角度的拍摄，镜头带来的作用也会有所不同。而短视频运营者选择的拍摄角度通常也代表着对视频内容的看法。

（1）鸟瞰式

鸟瞰角度就是直接从被拍摄物的正上方拍摄，属于高角度的镜头拍摄。鸟瞰式的镜头角度会营造出震撼宏伟的感觉，给观众一种全知的感觉。

一条视频出品的名为《上海第一豪宅，100 年都不过时》的短视频介绍片，主要介绍商人吴同文请建筑师邬达克建造一座通体绿色的住宅。其中，在对房屋整体以及露台等部分进行介绍时都运用了鸟瞰式镜头（如图 5-4 所示）。

图 5-4　一条视频截图

视频的开头先介绍了房屋的来源，之后又简单地对其整体结构进行了简单的介绍。在介绍房屋形态时，画面就选择鸟瞰式镜头，使得该房屋的整体造型设计完整、全面地展现在人们面前。同时还将房屋周围的环境囊括其中，让观众对于房屋的“豪”有一个基本的认知。

这种角度的拍摄方式，会使周边的环境占据镜头的大量面积，而使视频中的关键人物显得极其渺小。这让观众觉得视频中的人物要被环境吞噬，从而才能表现出视频中人物的无力、无助、陷入困境等情况，营造一种紧张的气氛，引导观众身临其境。

用这种类型的角度拍摄，是为了突出环境而减少角色的重要性，从侧面刻画角色的卑微、害怕。

（2）仰角式

和鸟瞰式角度相反，仰角镜头会增加短视频中被拍摄物的高度，也更加容易突出主角的重要性。在很多短视频中，仰角拍摄多用于对人物形象的刻画，仰视的角度通常会让观众产生恐惧、尊敬、高大、庄严、带有威胁性的感觉（如图 5-5 所示）。

图 5-5 《你有什么理由放弃努力？力克·胡哲励志演讲》视频截图

例如短视频《你有什么理由放弃努力？力克·胡哲励志演讲》，视频的主人翁是澳大利亚演讲家力克·胡哲——一个生下来便没有四肢的人。视频为了表现其不屈服生命的顽强精神，多次运用了仰角式镜头，从视觉上突出了人物形象的高大庄严，让观众对他产生由衷的敬佩之情。

仰视角度都带有垂直感，让被拍摄物从观众面前开始推进，使观众站在主角的视角，引导观众在心理上产生同样的感觉。这种类型的镜头角度是很常见的，而这个角度的拍摄大多都是为了强调英雄主义的。

（3）水平式

水平式的拍摄角度是很多短视频都在运用的，这种镜头角度拍摄后的视觉效果和观众平时生活中观察事物相似，观众看到的人或物不容易变形。选择水平镜头角度，大多会让观众感到公平、公正、冷静、客观。

短视频会选择这类角度，而不选择带有主观意识的镜头，大多是为了向观众传递自己的价值观，不对视频中的事物展开价值判断，和剧中主体保持平等对待的状态。

运营者不通过镜头角度传递自己的价值观，只是为了引导观众自己做出判断。水平式的角度更加有利于客观、全面地表现出视频中人物的真实面目。

（4）倾斜式

倾斜镜头是比较特别的一种拍摄角度，这样的拍摄会让视频中的人看起来快要摔倒了。这种角度的镜头拍摄是最不常用的，因为倾斜式镜头角度拍出来的画面，会给观众心理上带来压迫、焦虑的感觉。

倾斜式的角度比较适用于一些多有肢体语言的情境，会成功地引起关注，带给观众焦躁不安的感觉。

除了以上 4 种基本的镜头角度外，还有很多处于以上两种角度中间的角度。镜头角度的略微变化，可能要表达渲染的情绪就会变化，虽然是同样的人或事，但给观众带来的感觉和要向观众传递的信息就会有所不同。

2. 镜头流动速度

对于很多拍摄短视频的摄影机而言，其本身就可以制造出一些特定的效果。镜头流动速度可以让短视频更加有节奏感。假设镜头快速地从一个事件移开，观众在不知道剧情的情况下就产生极大的好奇心，想知道到底发生了什么事。

而很多短视频拍摄中，为了增加视频的悬疑效果，给观众展示一些没有预期的东西，摄像师就会放慢镜头流动的速度，刻意延缓从而满足观众的期待。为了给观众呈现出不同的视觉效果和气氛营造，都可以通过镜头流动速度来控制。

在叙事性的短视频中，镜头的流动速度都是根据情节的需要进行调整的。镜头流动快速向前可以更突出某一关键人物，而镜头缓慢后行，将整个场景中的人或是物置于同一个画面，有利于突出某些关键重要的信息。

总而言之，镜头流动速度会使短视频更具有表现力，如犹豫悬疑式镜头、宏伟壮观式镜头等。镜头流动速度能明显控制观众对视频的感受，能轻易地将观众引导到视频中的特定情境中，给用户带来不同的观看感受。

3. 镜头切换

在短视频拍摄时，我们需要将所有的拍摄素材进行串接形成完整的片子，这就会出现我们经常看到的画面切换的效果。过多的镜头切换会打扰到沉迷于视频中的观众，不但会让观众对某一段时空的信息产生空白，而且会增加眩晕感。

镜头相当于一门语言，视频中的人物特点、表情变化、情绪波动等，都可以通过镜头表现出来。因此，在切换画面的选择上，尽量选择视频中的转折部分作为前后的衔接点，从而保持视频内容的流畅性。

镜头切换一定要考虑到前后的逻辑性，合理过渡才能引导观众按照拍摄的思路去观看视频。

4. 镜头焦距

焦距在短视频中起到润物细无声的作用，每一个画面的焦距使用都是为了使视频能更好地呈现出来。焦距正常的镜头如同人的眼睛一般，是最常用到的镜头。而除了标准镜头，很多短视频拍摄也会运用到其他类型的镜头。

长焦镜头会压缩事物之间的距离，适合引导观众进入到一种紧张的情节中，使画面更加逼真。和长焦镜头对应的还有短焦镜头，短焦镜头的视觉效果和长焦镜头的相反，镜头离画面主体很近，比较适合运用在情感表达的画面上，这样才能让观众感同身受。

而介于以上两种镜头中间的还有中焦镜头，这种镜头的使用不但可以让观众的视觉更放松、舒适，而且使用起来更加灵活，可以根据环境的不同自由选择。

焦距是短视频拍摄过程中最重要的元素，选择不同焦距的镜头，在很大程度上会影响整个短视频画面的构成和达到的视觉效果。

镜头流动带给观众的是不同视觉效果的画面。要想策划好并拍好短视频，镜头流动是必须要考虑到的一个问题。我们要清楚地知道如何运用不同的镜头焦距、角度、流动速度、切换，去打造出一个有意义并符合预期的短视频。

镜头就像一种语言艺术，要尽可能地通过镜头的表现力去替换旁白字幕的使用。

5.4 背景音乐：与画面呼应，强化音乐感

为短视频配乐是一件令人头疼的事情，因为不存在固定的公式模式，所以大多时候只能凭借主观意识去选择音乐。不同人偏好的音乐风格大有不同，因此，短视频成片后的效果也是完全不同的，说到底给短视频配乐就是一件仁者见仁、智者见智的事情。

合适的背景音乐，不但能增强短视频画面传递的感情，还能让视频更有代入感，调动观众的情绪，满足用户视觉与听觉上的享受。

当然要选择和视频成片匹配的背景音乐，还需要短视频运营者掌握足够丰富的音乐素材，然后才能挑选出符合成片风格的音乐。虽然挑选背景音乐有很大一部分是根据个人主观情绪来选择的，但是其中存在的门路技巧还是有迹可循的（如图 5-6 所示）。

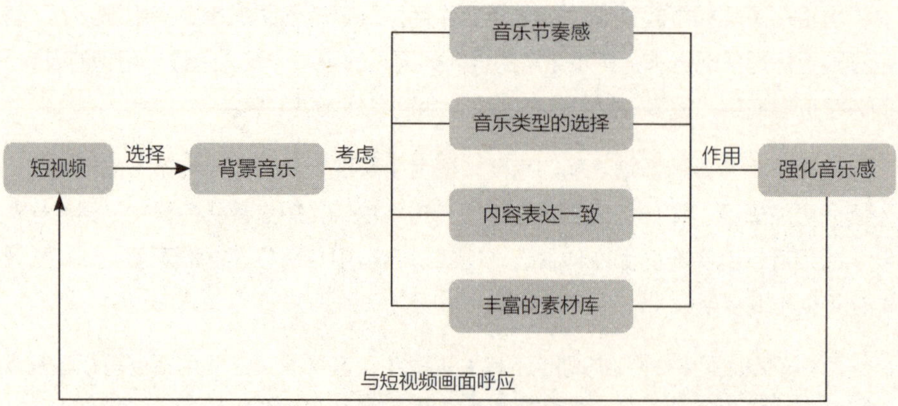

图 5-6 添加背景音乐的注意要素

1. 音乐节奏感

短视频的播放节奏和内容上的情绪大多都是通过背景音乐带动起来的，不同于普通的叙事类视频，短视频的画面更有冲击力。

而这种冲击力，主要是通过背景音乐和短视频画面节奏的相互匹配表现出来的。一段音乐都有不同层次的转换，而这个时候也正是短视频层次转换的时候。在后期对短视频精剪时，画面的切换要跟着音乐的节拍去剪，这样才能让画面更有感觉。

既保证背景音乐与短视频内容相互呼应，又能强化音乐感，让画面和背景音乐毫无违和感。精彩的短视频都是张弛有度的，因此，对背景音乐整体节奏的把握上也应该是有高有低、有缓有急的。

快节奏的背景音乐配合着短视频画面，切换得快一些，才能让画面看起来是随着音乐进行舞动的。

2. 音乐类型的选择

上一点中我们提到了音乐的节奏要和短视频的画面互相匹配，但是在音乐类型的选择上也不要一味地追求节奏和所谓的“感觉”，从而忽略了音乐对视频内容造成的隐性干扰。短视频中添加背景音乐，只是为了在视觉的基础上，让观众的听觉也动起来。通过两者的结合，让视频中的剧情更加震撼。

背景音乐起到的只是辅助配合的作用，在音乐类型的选择上要更倾向于突出短视频的主要内容。纯音乐是常常用来做背景音乐的，因为纯音乐和其他类型音乐相比自身带有的感情色彩较少，避免观众将注意力由视频内容转移到背景音乐上。

3. 内容表达一致

很多音乐的歌词内容和短视频之间并不存在关联，甚至音乐中所要表达的内容和视频的主旨思想相违背，这样的背景音乐反而会给短视频带来一定的负面影响。在选择背景音乐的时候，一定要清楚音乐所表达的内容。

而对于没有歌词的音乐，尽量选择风格和短视频贴近的作品。背景音乐的选择关系到主观情绪问题，短视频拍摄要考虑到情绪设置的对象，是视频中的人或者是一个画面，然后再根据特定对象的情绪来选择背景音乐。

4. 丰富的素材库

短视频运营者需要有丰富的音乐素材库，但是对于有实力的团队来说，请专业人士为短视频量身定做背景音乐是再好不过的选择了。而对于很大一部分缺乏资金的团队来说，使用现有的音乐才是最佳的选择方案。

要想让背景音乐和短视频完美结合，需要有丰富的素材资源。总体而言，为短视频添加背景音乐是一个由难到易的过程，需要运营者多听、多积累，才能培养出一定的乐感。

第 6 章

拍摄制作：寻找质量与成本的平衡点

质量是短视频的生命，是实现短视频传播的保障。随着我国推行市场经济体制以来，质量就成了市场竞争的重要因素，但是质量的提升必然是以成本作为代价的。每个短视频创作团队在拍摄和制作视频的过程中，都在苦苦寻找质量与成本的平衡点，那么究竟怎么做才能利用最少的成本，拍摄出观众喜欢的短视频呢？本章基于最低成本创作最好视频，对如何正确选取拍摄器材、合理利用场地以及后期制作等方面进行了详细介绍。

6.1 拍摄器材

拍摄器材决定着视频画面的清晰度、色彩和流畅度，因此，要拍摄一部具有吸粉能力的短视频，首先要明白，在拍摄短视频时，究竟什么样的拍摄器材更适合视频的创作。随着社会的不断发展，视频拍摄器材的科技含量越来越高，在选择适合的设备时，操作方式和便捷度是重要的考量方式，同时每个人对于拍摄器材效果的追求又不尽相同。

对于一个视频团队而言，素材内容固然重要，但也不应该忽略对拍摄器材的选择。好的拍摄器材往往可以呈现出更优质的画面，这也是提高用户体验的一种方法。那么对于视频团队而言，究竟该选择哪种类型的设备呢？具体如下。

1. 按照拍摄器材的功能进行选择

众所周知，短视频的拍摄器材可分为手机、单反相机、摄像机这 3 种设备类型，为了让视频播放效果符合预期，器材的功能尤为重要。下面我们分别对这 3 种拍摄设备的拍摄效果进行简单的区分和介绍（如图 6-1 所示）。

（1）清晰度

短视频创作时，清晰度是视频创作的关键。我们可以发现大多数短视频画面都是彩色的，如果拍摄出来的视频画面清晰度不够，即使颜色再绚丽、内容再优质，也很难提高用户的观看体验。

现在的手机中，像苹果、三星这样的高端机型，其清晰度已经很强大了，甚至超过了一部分摄像机设备，像摄像机中的索尼 PJ610，虽然是全高清的，但是其画面清晰度也就只有 720P，而 PJ820 的清晰度相对就好很多。

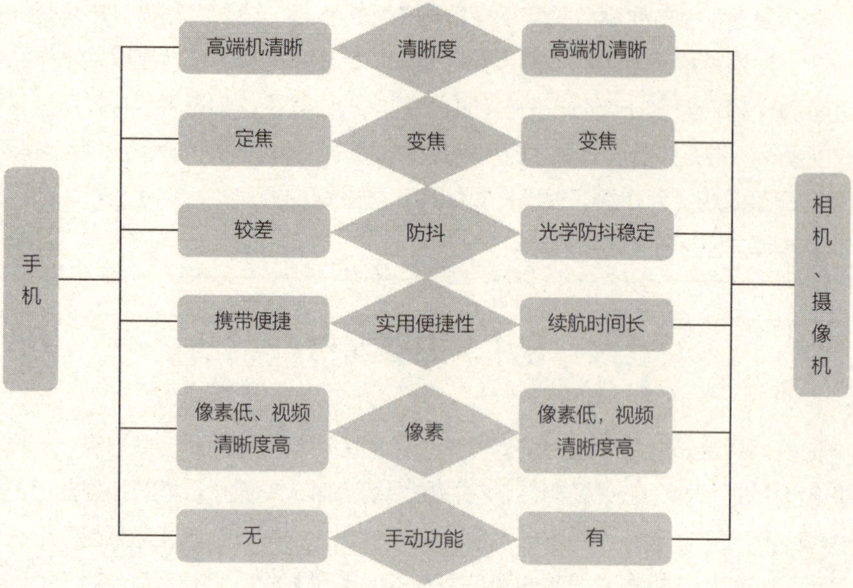

图 6-1　不同设备类型功能的对比

（2）变焦

变焦也是拍摄器材功能选择的一个重要因素，所谓的变焦实际上可以划分出多种，如光学变焦、数码变焦、双摄变焦等。虽然这几种变焦能力都能帮助使用者在望远拍摄的时候放大远处的物体，但是唯独只有光学变焦可以在放大图像的同时保证画面更清晰。

拍摄不同远近程度的物体，选择的变焦倍数也各不相同。通常，变焦倍数越大，越适合远景拍摄。市面上，很多智能手机都具备变焦功能，但由于手机自身的体积和技术条件的限制，大多数都采用数码变焦。

数码变焦实际上并没有改变镜头的焦距，而是强行将部分图像放大，这也是为什么我们在较远的观众席上使用手机拍大型比赛或者演出时，即使进行对焦，拍出来的画面仍无法分辨人像的原因。

而单反相机和摄像机属于专业性的拍摄器材，可以更换拍摄镜头，因此，在变焦倍数的选择上更多样。我们可以根据拍摄物体的远近选择不同视角的镜头和变焦倍数，所以拍摄出来的成像清晰度更高、更真实。

综上所述，手机属于简单的拍摄设备，可以满足视频团队日常的记录拍摄。

单反或摄影机属于较为专业的拍摄设备，可根据不同的场景需要选择不同镜头的变焦倍数，完全满足短视频拍摄的需求。

（3）防抖

防抖功能的加入主要是为了减少照片或者视频在拍摄过程中因为抖动而导致的成像模糊。一般在光线比较好的环境中拍摄，抖动功能发挥的效果并不是很明显，而在一些光线较暗的拍摄环境中拍摄，使用防抖功能会使画面质量有很大的提升。

拍摄器材的防抖系统常见的有光学防抖和电子防抖，防抖功能的加入虽然能提高成像质量，但不是所有的设备都具备防抖功能，通常大变焦或者一些长焦距的设备，更加需要防抖功能。

所谓的光学防抖，分为镜头防抖和机身防抖两种。镜头防抖，主要是在拍摄器材的镜头里安装一组可以活动的 PSD 镜片，当我们在拍摄过程中出现抖动，设备会自动检测到抖动的方向，从而控制 PSD 镜片朝着抖动方向移动，对抖动造成的影响进行弥补。但是这样的配置结构比较复杂，且需要耗费较高的成本，因此，只有在一些比较高端的摄像机中才有配备。

机身防抖，则是直接在设备中加入一个抖动感应器，感应器可以分析出抖动的幅度，然后将感光组件移动，从而抵消抖动造成的影响。

电子防抖也可以称之为 CDD 防抖，即使用数字电路对成像进行防抖效果，实际上该技术就是通过降低画面的画质来弥补拍摄过程中由于抖动造成的影响。市面上，我们常见的品牌如富士相机就是采用的电子防抖技术。

电子防抖技术需要耗费的成本较低，因此，很多普通的数码相机都采用电子防抖技术。电子防抖和光学防抖两者相比较，毫无疑问光学防抖的效果更好。

随着智能手机的不断发展，越来越多的品牌手机中也添加了光学防抖的功能，一般情况下可以解决手抖造成的成像模糊的情况。防抖功能的加入虽然能提升手机的拍摄能力，但是效果仍旧没有单反相机或者摄像机的效果好。

在进行设备的选择时，若考虑到防抖功能，尽量不要选择纯电子防抖的，因为电子防抖的效果还不如一个卡片机的效果，光学防抖或是五轴防抖是比较好的选择类型。

（4）实用便捷性

就拍摄时长来讲，手机电池所支持的拍摄时间远不如相机或是摄像机的拍摄时间，但是手机是拍摄设备中便捷性最高的。当然也有一些口袋摄像机，在携带时相对比较便捷。但是口袋摄像机光圈小，而且也是定焦，所以实际使用效果可能还不如手机的效果。就拍照而言，大多数摄像机拍照效果远不如手机或相机的拍照效果。

（5）像素

图像元素简称像素，是构成图片或者影像的基本的单位，通常情况下，都是以像素每英寸即 PPI 为单位的，表示图像分辨率的大小。若把一些图片或者影像放大就能看到很多小方点，这些小方点就是组成画面的单位——像素。像素位数越高的拍摄器材其色板的颜色也就越丰富，这样一来拍摄出来的画面就更加具有真实性。

一些手机、相机、摄像机等器材的配置说明上所说的像素，就是指该设备支持的有效范围内的最大分辨率。很多人认为拍摄器材的像素越高，那么画质也就更好，但实际上这是一个误区。

以手机和相机为例，在进行视频拍摄时截取的是中间像素，如使用 2 000 万像素和 1 200 万像素的相机同时进行视频拍摄，1 200 万像素的相机截取的是传感器 1/6 的像素拍摄视频，而 2 000 万像素截取的是 1/10，这样感光性就弱了很多。

市面上，主流手机的像素部分保持在 1 200 万像素，也有部分手机的像素已经发展到 2 000 万甚至以上，这样的条件可以满足部分短视频团队的拍摄需求。相比较之下，单反相机像素大多在 1 500 万，对于一些专业需求的团队来说也可以选择像素在 2 000 万以上的单反。单反相机的这一配置，足够满足团队对短视频正常的后期处理、剪辑、包装等工作。

而一些摄像机的像素基本保持在 300 万左右像素，由于摄像机主要用于拍摄流动性的画面，需要考虑到画面的流畅，过高的像素会导致视频在网络播放的过程中出现卡顿的现象。

市面上的一些手机、单反、摄像机的像素基本上都可以满足视频团队拍摄的需求。在拍摄器材的选择上，像素一般不要作为单一的参考标准，一定要结合多个功能共同考虑，才能选择出合适的拍摄器材。

（6）手动功能

手机被定义为一种通信工具并非专门进行照片拍摄和视频录制的工具，因此它的手动功能比较少，通常都只有闪光灯、手动定焦、延迟拍摄、放大缩小以及滤镜选择这几项基本功能。

相反，单反和摄像机的手动功能就比较多。在很多单反相机上可以看到有很多功能按键，包括照片删除、照片回放、菜单功能键、照片浏览等基本功能，除此之外，其还具备了手动功能转盘、快门键、手动调整光圈等功能。使用者可以根据拍摄需求的不同任意切换，例如，在使用快门时，如果在晚上拍摄视频，可将快门速度由 1/25 秒改为 1/6 秒。这时感光度就会降到 800，使视频画面变得清晰。

摄像机和前面两种拍摄器材相比其手动功能便更加丰富了，摄像机属于高端且专业的拍摄器材，因此，其手动功能俱全。无论是镜头调节还是灯光调节和光圈调节，摄像机几乎涵盖了手机以及单反相机的所有手动功能，甚至不同品牌的摄像机中，还添加了很多特有功能。总而言之，摄像机几乎可以满足团队拍摄短视频的所有需求。

2. 根据团队预算进行选择

从上文的分析中可以清楚地看出，每种拍摄器材都有其独特的优势，而团队在选择设备时，除了从功能上进行区分外，还可以从拍摄器材的预算方面进行区分。

（1）0 元预算

所谓 0 元预算，就是使用手机进行视频的拍摄。对于一个刚起步的短视频创作团队，没有多余预算的时候，可以考虑这种方式以节省开支，把全部资金都放在视频内容的创作上。因为对于一个初期的创作团队，在摄像设备上可能还不需要非常专业。

市面上的手机摄像功能基本可以满足创作的需要，除此之外，手机可以下载多种软件，满足短视频团队对视频、图片、文字进行特殊化处理。所以，团队如果初期资金不是很充足，就可以使用手机来替代其他拍摄设备。

（2）3 000 元预算

虽然手机的视频效果并没有很差，但是毕竟手机与专业的摄像设备之间还是有差距的。为此，在团队发展到一定程度时，如果工作室的面积不大，对动态镜头的要求也不高时，就可以考虑购入一台单反相机，例如佳能 800D 系列单反，镜头 18 ～ 55 毫米焦距，价格相对较实惠。而且，单反相机操作便捷，对使用者要求并不高。

（3）7 000 元以上预算

当团队有充足的资金，且短视频内容质量要求更精细，这个时候可以购入同一品牌同一系列的相机，配置相对高级的相机，例如 800D 系列，镜头焦距 18 ～ 135 毫米的单反相机。之所以这么做，是因为两台相机可以配合使用，同时，同一品牌系列的相机，可以避免光线色彩差异性太大，也避免创作团队花费大量的时间去适应新机型。

除此之外，也可以直接选购一台业务级的摄像机。业务级的摄像机一般集成度很高，属于比较专业的拍摄器材，相对价格也很高，一般都是万元级别的。

3. 按照短视频的题材选择拍摄器材

资金预算和器材功能两方面都是短视频团队在选择器材时需要考虑到的，但器材的选择也需要配合视频内容的需求，因此，不妨根据短视频拍摄题材来选择配置。

（1）微型电影、情景剧题材

这种类型的短视频都具有故事性，对视频画面的表现和质量要求比较高，因此，对拍摄器材的要求也比较高。该类题材的视频通常拍摄时间较长，所以需要选择更轻便一点的拍摄工具，出于这方面的考虑可以将器材选择锁定在手机和单反相机两者之间。

微电影、情景剧类的短视频，需要根据剧本内容切换多个不同的场景，因此，要配合不同焦距不同效果的镜头才能突出主题。手机机身较小使用起来更轻便，但是拍摄功能比较单一，很难适应这种类型题材的需求，因此不建议使用。

此时，很多拍摄微电影或者情景剧的团队都会选择单反相机，因为单反相机拍摄出来的画面质量更清晰，且可以任意更换不同类型的变焦镜头，完全可以胜任这种类型题材的拍摄需求，而比较常用的就是佳能的 5D3、80D 或者索尼 A6300 等。

除此之外，单反相机拍出来的素材方便团队进行简单的后期处理和加工，因此，其成为很多团队的首选器材。

（2）直播、街头恶搞类题材

这种类型的短视频普遍具有一个共同点就是真实呈现，不需要切换各种镜头，也不需要刻意强调视频画面的质感和美感。视频内容主要以主人公的行为和语言为主，因此，这类题材的短片对拍摄器材的要求并不高。使用手机，就可以满足视频拍摄的需求。

并且，此类短视频不需要复杂的后期加工，有些不需要二次处理的短视频，就可以拍摄完直接用手机上传到网络中，方便快捷。

（3）采访、教学类题材

拍摄教学类的短视频，最先应该考虑拍摄画面能否直观形象地展示给观众，其次才是画面质量。因此，在选择拍摄器材的时候一定要选择具备较长待机、对焦能力较强、方便控制、音频录入功能强等特点的设备。

出于对这些方面的考虑，拍摄这种题材的短视频通常会选择功能较多一点的摄像机。对于一些预算资金有限的团队，可以选择功能较好的家用型 DV 机。而若团队的资金充足，则可以考虑选择高端一点的摄像机。

短视频团队在选择拍摄器材的时候，一定要从实际的拍摄需求出发，如此才能找到适合的设备，从而完善短视频初期画面的效果。

6.2　脚架的选择

无论是视频拍摄的专业技术人员还是业余的摄像爱好者，进行视频拍摄时都离不开三脚架的帮助。每一个喜欢拍摄短视频的团队，都知道三脚架最主要的作用就是稳定摄像机，改善视频画面，以完成更好的短视频拍摄效果，吸引更多的粉丝。而在对三脚架的类型进行选择时，首先要确定短视频拍摄内容的方向。

视频内容的拍摄有很多类型，如团队拍摄内容为街拍，就需要脚架一定要轻便，并且不容易引起周围人的注意，要能够很快地进入拍摄的状态，这种情况就要选择重量轻，收缩体积较小的三脚架。如果拍摄对象是影棚或者人物，这时就不需要团队在三脚架重量方面做过多的考虑，要把稳定性放在第一位。所以，在选择三脚架的时候，一定要明确团队创作短视频的内容主线。

对拍摄短视频内容有了大致的方向之后，要考虑什么样三脚架才适合团队对于视频创作的需求。如果所在团队的拍摄设备是大型的摄像机，就不要选择小型的三脚架，这样容易造成中心失衡，同时三脚架的材质也不要选择塑料的，很容易造成磨损，影响稳定性。另外，长焦镜头最好选择云台系统完善，并且快装系统稳固的脚架。当然，脚架不是摆设，在选取脚架的时候最好先考虑自己的负重能力。

大部分喜欢摄影的人，愿意在镜头上投入成千上万元的成本，却不愿意在三脚架上多出 1 000 元，这种行为是不理智的。当然，并不是贵的三脚架就是好的，对于一个短视频创作团队，适合的三脚架才是需要的。在这里根据团队对三脚架的初期成本预算，进行简单的层次划分。

当预算在 1 000 元以下时，材质最好选择铝合金的；当预算价格在 3 000 元以下时，首选碳纤维，品牌无过多要求；当预算在 4 000 元以上时，则可以直接考虑捷信。

此外，三脚架和云台的成本，最好占团队所需拍摄器材成本的 15% 左右。

在明确了团队的短视频创作方向，以及对三脚架成本的预算后，剩下的就要从实际应用出发，根据对三脚架各部分的分析，选择最适合团队进行短视频创作的三脚架。

1. 承重能力

三脚架一般都有一个“最大承重”的指标，是指承受器材后依然可以保持稳定的最大数值。通常在拍摄的过程中，我们不会让三脚架的承重超出负荷的 60%，毕竟承载重量越重往往越不稳定。因此，在选择的时候一定要选择能够承受住团队最终的拍摄器材重量的三脚架。例如，最重的拍摄器材的总重量是 2 千克，那么所选购的三脚架承重范围就要大于 2 千克，最好是器材重量的 2 倍以上，否则容易出现不稳定的情况，从而影响到拍摄效果。

在选择三脚架承重能力的时候需要清楚，稳定在三脚架身上的器材一般有云台、镜头、快装板以及相机本身，这些器材都和三脚架的承重能力有关。

云台实际上也是起到固定作用的，但只是用来固定相机本身的。如果三脚架的最大承重量是 3 千克，但是云台的最大承重量只有 2 千克，那这个组合的最大承重量就是 2 千克。此外，三脚架的最大承重量要大于云台的最大承重量，因为三脚架还要承担云台自身的重量。

而为了呈现出更有质感的画面，不同内容的短视频常常会选择不同的镜头进行拍摄。根据镜头焦距的不同可以分为定焦镜头、长焦镜头、鱼眼镜头、广角镜头、标准镜头等多种类型。焦距越长的镜头，摄像师能看到的视角也就越狭窄，如此一来镜头对拍摄过程中出现的抖动也就越敏感，那么就需要更加有稳定性的三脚架。若我们选择 200 毫米的镜头，那么三脚架的管径一定要大于这个数。

因此，在选择三脚架的时候，一定要把这些器材加起来，再选择合适称重标准的三脚架。

2. 高度的选择

三脚架的高度一般分为最高高度、最低高度和不升中轴的高度。最高高度是指三脚架所有关节展开并将中轴提升所能达到的最高高度。一般在拍摄视频时，三脚架支撑相机的位置与肩膀同高即可，所以在选择三脚架时并不需要对最高高度有太多要求。

在选择最低高度时要特别注意，最低高度最好不要超过 40 厘米，否则在微距和低角度拍摄时会对拍摄效果造成影响。中轴的提升直接影响着三脚架的稳定性，为此，在选择三脚架时，中轴的提升高度要尽量控制在 30 厘米之内。

3. 材质的选择

三脚架按照材质的不同可以划分为木质、合金材质、钢铁材质、高强塑料材质、碳纤维等多种类型，而市场上最常见的就是钢制、铝合金和碳纤维 3 种，这 3 种类型的材质在承重、价格以及稳定性上也是有所差异的（如图 6-2 所示）。

选择三脚架最重要的一个考虑因素就是稳定性，在市场上最常见的这 3 种材质中，重量最重的当属钢制材质，铝合金材质三脚架相较而言比较轻，且十分坚固。而碳纤维材质的三脚架属于新式的，其重量是三者之间最轻便的，且比铝合金材质更具有韧性。

为此，在选择三脚架时，如果是追求性能和便利，可以选择碳纤维材料，相对应的价格也比较昂贵。如果是想要性价比高的，最好就选用铝合金材质的。当然，如果是在相对固定的场景使用，也可以选择钢制材质，稳定并且价格实惠。

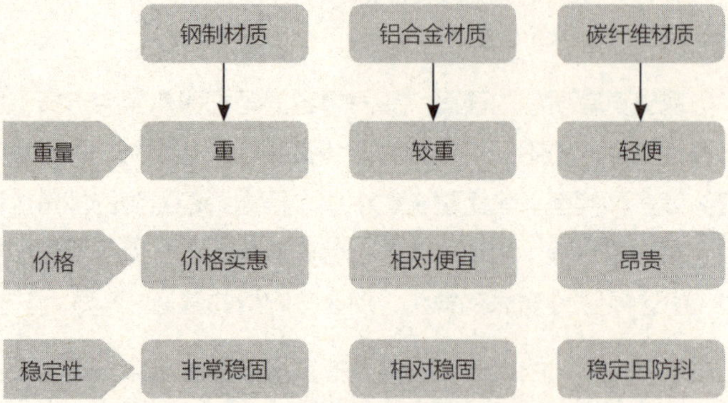

图 6-2　不同三脚架材质的对比

4. 管脚节数的选择

大多数三脚架的管脚都是分节的，而每个关节衔接的地方都是三脚架的软肋。市场上主流的三脚架大多都是 4 节或 5 节的脚管。节数越多，最后一节脚管的直径就越小，导致三脚架稳定性降低，但是相对的，节数越多收缩后的长度越短，更加便于携带。

随着科技的不断发展，三脚架在功能和材质方面已经很难再有突破。为此，很多三脚架的生产厂家开始另辟蹊径，在功能上进行创新，下边简单介绍几种附加功能。

首先，在低角度进行视频拍摄时，可以将纵向中轴转为横向中轴横置装置（如图 6-3 所示）。

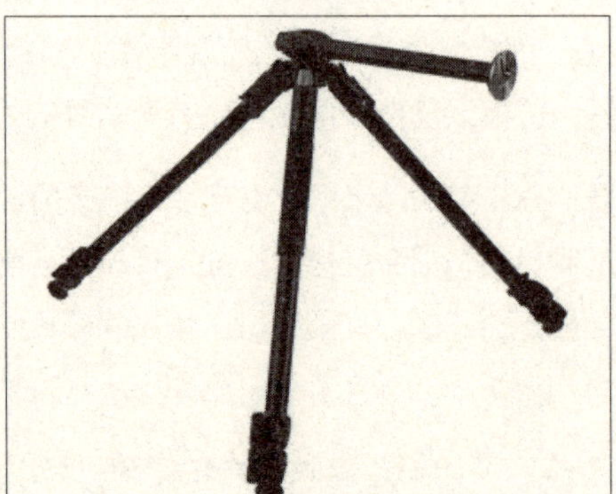

图 6-3　中轴横置三脚架

其次，部分厂家为使三脚架的携带更加便捷，开发出脚管的反向折叠功能，180° 翻转折叠的方式，使三脚架的折叠长度比正常的折叠方式更短（如图 6-4 所示）。

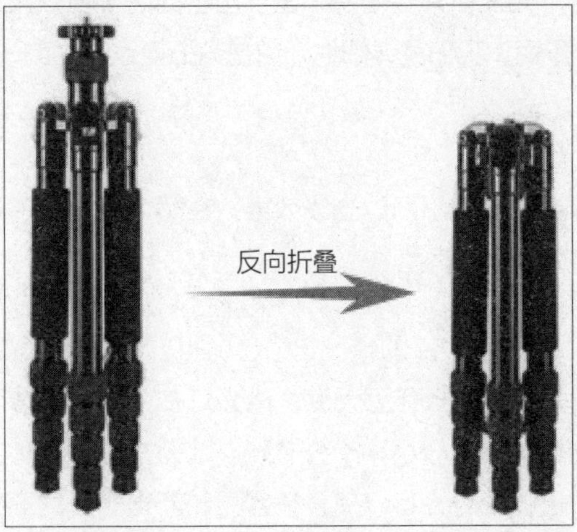

图 6-4 反向折叠式三脚架

此外，还可以在三脚架上拆下一个脚，配合云台做成独立脚架。虽然无须花费太大成本，就多了一个拍摄设备的使用，但是，这种可以拆分的三脚架的稳定性可想而知，为此并不推荐。

最后，再为大家介绍一些选择短视频所需三脚架的小技巧。

（1）碳纤维材质，稳定且易携带。

（2）3D 云台，3 个方向精准调整。

（3）管脚之间无拉杆连接，随意掰开角度适合不同场地的视频拍摄。

（4）三条管脚全部伸开，架好相机，取景器与眼睛处在同一水平线上最佳。

（5）螺旋的锁紧形式比扣式的锁紧形式更耐用。

三脚架在短视频的创作过程中是必不可少的，甚至可以说三脚架直接影响着短视频的质量。这就要求短视频的创作团队在进行三脚架的选择时，要根据团队的成本预算，选择最适合的三脚架，只有这样才能更好地完善短视频的拍摄效果。

6.3 灯光照明设备

一个优秀的短视频创作团队，不仅要具备专业的摄影技术，同时还要了解灯光的使用，不同的灯光设备都会使视频呈现出不同的视觉效果。那么如何选择合适的照明设备呢？下面，我们就详细地介绍视频拍摄过程中的一些灯光照明设备。

1. 灯具介绍

不同类型的灯具会发出不同的光线效果，在短视频拍摄的过程中，可以根据实际的需求选择合适的灯具类型。

（1）冷光灯

冷光灯，主要采用冷光板作为光源。冷光灯在工作的状态下几乎是不会发热的，而且该类型的灯功率比较小，十分节能。除此之外还具有很强的方向性，并且光线强度较大，这样的灯光可以使人很容易判断出光线的照射方向和范围（如图 6-5 所示）。

图 6-5　常见的冷光灯

冷光灯主要分为两种类型，一种是标准的冷光灯，无法调节光线强弱，而另一种则是可调光型的，可以按照需要调节灯光强弱。冷光灯一般应用于会议室、工程建、店面橱窗等地方。

冷光灯的一个特点就是能淡化或者消除阴影，因此，比较适合用在背景光和人物轮廓光上，这样一来减少拍摄物的阴影效果，就能使拍摄出来的短视频画面更干净、清晰和自然。除此之外，冷光灯的构造简单，使用起来比较轻便，无论是安装还是吊挂都很便捷，很适合视频团队的拍摄。

但是需要注意的是，部分冷光灯的光线太强，如果将冷光灯作为主光源使用，就很难拍出完美的视觉效果，因此，在选购的时候尽量选择可调光型的冷光灯。

（2）LED 灯

LED 灯的发光源实际上是一块可以电致发光的半导体芯片，可以发出红、黄、蓝、绿、青、橙、紫、白颜色的光。该设备在构造上比较简单，抗震性也比较好，且具有节能、环保的特点，因此，在日常生活中是很普遍的。

LED 灯可以在高速状态下工作，工作寿命可以达到 5000 小时以上，是一种十分耐用的照明设备。但是它并不适合单独在视频创作中使用，主要是因为 LED 灯的光线强度有限。当然，如果把 LED 与柔光扩散装置配合使用，那就会使光照范围有所改善，不过光的穿透性也会随之变弱。同时，LED 灯在对光的可控性方面来讲，与冷光灯的可控性又是相差甚远的。但是 LED 灯适合近距离和创意照明，使视频的画面看上去更加丰富。

（3）日光灯

日光灯也可以称为荧光灯，因为日光灯的种类相对来说是比较多的，所以关于日光灯的选择有多种形式。日光灯在使用的过程中容易发热，一发热就容易吸引灰尘，时间久了之后就会影响光线的强弱。

需要注意的是日光灯虽然价格便宜且光线较强，但是由于无法调节灯光，因此并不适合用在拍摄过程中。除此之外，日光灯的灯光颜色不够精准，若同时使用多个日光灯，会导致拍摄现场的光线无法平均，这样会对后期视频的色调调整增加很重的工作量，所以并不推荐将日光灯应用到视频拍摄上。

（4）散光灯

散光灯在电影拍摄或者演播室中的使用比较普遍，该类型的照明设备一般照明范围比较大，常常作为顶灯或者正面照射。散光类的照明设备还包括三基色荧光灯、调焦柔光灯、12 头灯以及气球灯，这些照明设备发出的光线都比较均匀，十分适合视频拍摄。

散光灯很多时候都用在背景的打亮上，因为散射光是向四周均匀照射的光，可以照亮很大的范围，但同时散射的光线就意味着更难控制（如图 6-6 所示）。

图 6-6　常见的散光灯

通过对上文中灯具类型的了解，短视频团队可以任意选择一种适合的灯具。对于一些短视频团队来说，在拍摄短视频的初期可以不用太讲究拍摄现场的灯光设备，只需要将拍摄地照亮，尽量保证镜头画面中的光线是平均的即可。但是若想拍摄出画面效果更好的短视频，可以在灯光设备中多投入一些资金，选择合适的照明设备。

2. 照明设备附件

很多时候短视频的拍摄并不需要专门架起一盏灯，例如在户外拍摄，借用反光板这类的道具布置的光线效果会更好。在视频的拍摄过程中，有很多方法可以改变光的性质。

很多摄影爱好者都清楚，柔光下的人像看上去会更协调，所以在拍摄人像时，可以通过柔光道具改变光线，制造适合的柔光效果。常见的柔光道具有柔光板和柔光箱等。那么，在对光线进行方向的改变时，可以用到哪些工具呢？具体如下。

（1）反光板

反光板是短视频拍摄过程中常见的照明设备附件，根据不同的拍摄需求使用反光板，可以使短视频画面变得更加饱满，充分体现出镜头中人物或者物体的质感和光感。同时，使用反光板也可以很好地突出视频中的主体，使画面具有立体感。

反光板主要分为两种类型，即硬反光板和软反光板。硬反光板的表面经过抛光处理，在拍摄过程中使用比较广泛，并且价格也比较昂贵。而市场上也有用海绵板制作的，价格比较便宜的反光板可以替代硬反光板。

软反光板的表面存在着不规则的纹路，因此在使用的过程中会出现漫反射的作用，使原有的光源柔和化，但是这样的效果并不适合用在人物拍摄上，反而更适合拍摄美食类的短视频。

反光板的使用方法很简单，只要把反光板放在光源的四面，然后通过对反光板的调节，就可以对光线的走向和范围进行控制（如图 6-7 所示）。

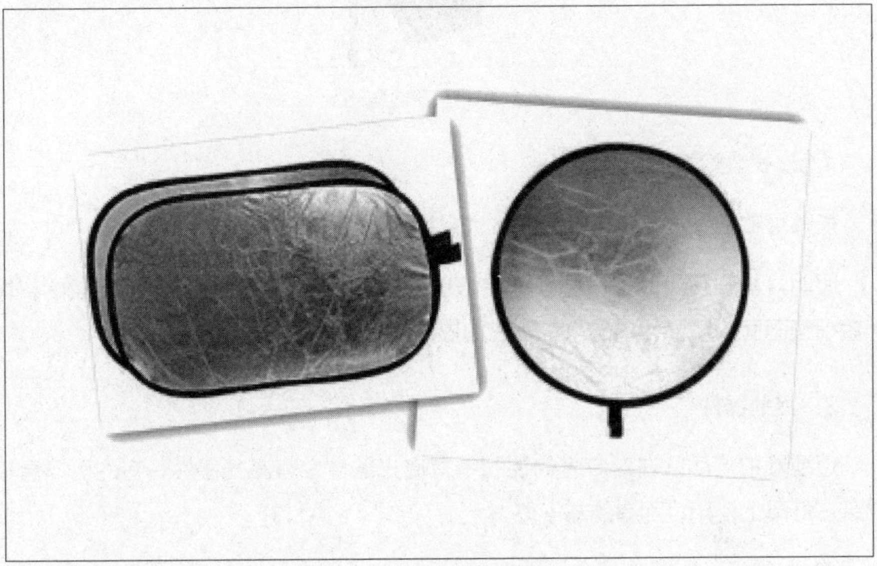

图 6-7　反光板的不同种类

（2）方格栅

方格栅即半透明柔纱，是由铁丝网制成的一种机械调光器，安装在灯具上，可以有效地控制灯光，一般在照明灯具的前方都会有几个夹具，可以适合多种尺寸的柔纱。方格栅的特点就是可以通过单柔纱和双柔纱对光线的减弱程度进行控制，在减弱光强的同时也不会影响照明灯具原有的色温和焦点，光线质量是不变的。方格栅配合柔光箱的使用会有更好的效果（如图 6-8 所示）。

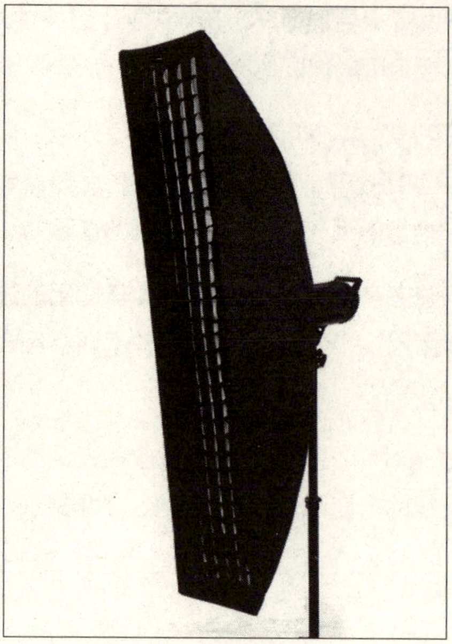

图 6-8　方格栅柔光箱

（3）长嘴灯罩

长嘴灯罩就像一个黑色的隧道，也是控制光线方向的必备工具。

照明灯具在使用的过程中，配合这些附件的使用可以营造出不同的氛围，增加短视频画面的质量。总的来说，在拍摄过程中具有重要的作用。

3. 其他器件

短视频拍摄团队在对灯光的控制中有增光器件也有减光器件，有的可以直接安装在灯具上使用，而有的却不能。

（1）旗板

旗板一般都是半透明的柔纱，通常是由各种纺织物等材料构成的，具有漫射作用。不同大小、不同形状的旗板往往起不同作用。在视频的拍摄过程中，最常见的就是黑旗板。旗板的主要作用就是防止光源间的互相干扰，改变光线的走向，以及减轻散光在拍摄过程中对画面造成的影响。

（2）调光器

调光器的工作原理实际上是改变输入照明设备中电流的有效值从而完成光

线调节。调光器根据不同的控制方式和使用场合可以分为多种类型，常见的用于拍摄视频的调光器就只有影视舞台调光器，该种调光器功能齐全且调光性能也比较齐全。

实际上，调光器是一种很常见的装置，很多的日光灯和LED灯都是自带调光器的。调光器的使用十分适合视频拍摄，使用起来简单、方便。但是，要注意的是调光器主要是针对钨丝灯照明使用的，并且钨丝灯变暗时，色温也会发生改变。

（3）减光网纱布

减光网纱布与柔光布在使用效果上还是有本质区别的，减光网纱布适合应用在室外的拍摄中，因为它在减弱光线强度的时候，并不会直接影响光线的柔和度。

（4）滤镜

灰镜和减光镜都属于滤镜，它们在使用过程中不会像色片一样改变光的颜色，只会改变光线的强弱。滤镜在使用时，就是把它固定在光源前。

（5）纱窗

纱窗在生活中是很常见的，其实它也是很好的减光道具。纱窗可以在不改变光线距离和颜色的情况下，很好地改变光线的强度。

此外，根据短视频的创作需要，在拍摄过程中不可避免地要利用道具制造氛围，这时就需要使用增色道具进行光线的色彩调节了。而主要的增色工具就是色片，是为配合灯光的设计产物，所以在使用过程中，不用担心色片会因为灯具的温度过高而融化。需要注意的是，色片所制造出来的光大多数都是应用在背景上的，不适合应用在主光源。当然，如果团队想在短视频里创造一些视觉上的特殊效果，也会收到意想不到的效果。

投影遮光板可以很好地创造画面效果。光源照射到投影遮光板时，可以使一定范围内的光源强度不减弱，做到精准调节大范围的光线照射（如图6-9所示）。

团队在灯光设备的选择时，可以根据短视频内容的大致方向，选择适合团队创作的照明设备。当然，除了对照明设备性能的考虑之外，还要考虑设备的价格与寿命，因为照明设备的价格与寿命直接影响着团队对于短视频创作的成本。

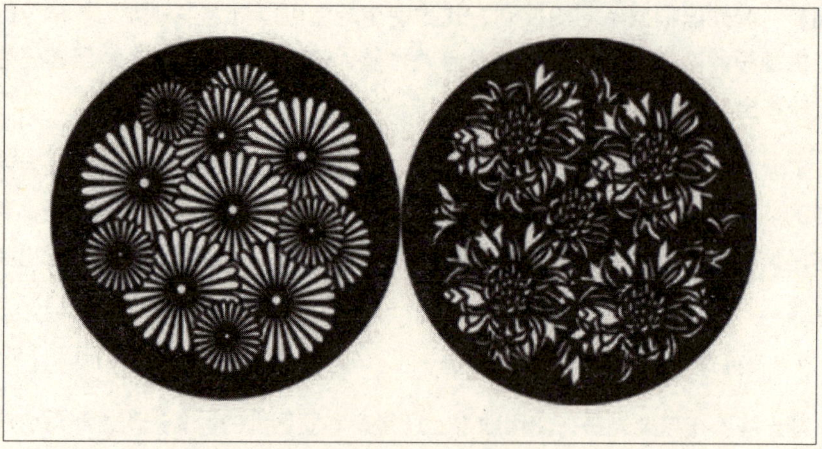

图 6-9　投影遮光板图案

6.4　场地和天气

在拍摄短视频之前，应该对拍摄的环境进行观察，了解不同时间光线的方向和光的性质，合理布置拍摄场地。只有这样，才能在拍摄过程中更好地利用场地，提高视频的拍摄效果。针对场地和天气问题，我们总结出以下几点。

1. 光源的布置

（1）光线角度

光线强度和光线角度都影响着画面的意境。所以，合理地布光、调节光线强度和色调，在短视频的创作中尤为重要。根据短视频内容所需要的画面性质，控制光线，营造适合的拍摄环境。

短视频拍摄过程中，光线的选择主要有顺光、逆光、测光和顶光这几种类型。顺光就是照明设备的方向与被拍摄主体呈同一水平，这样出现的效果比较普通，一般为了突出被拍主体的立体感和空间感的时候，并不适合采用这种光线。

相反，其他 3 种类型的光线都有明显的效果。侧光照明的情况下，被拍摄主体身上会产生明暗变化从而更加突出主体的空间感，是短视频拍摄中比较广泛使用的一种光线。逆光照明，则可以清晰地勾画出被拍物体的轮廓，将视频中的主体与背景画面进行区分，从而增加短视频画面的丰富性和活跃性。需要注意的是，在使用逆光照明的时候一定要适当地增加阴影部分的亮度。

顶光照明的效果，则是光线直接从正上方打向被拍摄主体，这样一来就可以在被拍摄主体的下方营造出投影效果，增加美感。很多美食类的短视频，就常常会使用这种光线。短视频团队需要根据拍摄题材和需求选择适合的光线。例如，美食类的短视频比较适合柔和一点的光线，可以选择阴线拍摄或者利用早晨和下午的阳光，尽量避开正午的阳光直射，这样拍摄出来的短视频更加真实自然，画面也会更柔和。

（2）场景

场景的布置直接影响着短视频的画面效果。短视频创作团队需要根据内容布置适合的场景，使布景风格与整体氛围相融合。在场景布置的过程中需要注意两点。一点是借助环境光，很多时候短视频拍摄都是在室内完成的，例如，教学类短视频、直播类短视频等，在拍摄之前一定要仔细观察好室内的光源，充分利用室内的基础光线。若需要柔和的光线，就要避免室内照明设备的直射。

另外一点就是需要提前做好准备，短视频拍摄时一定要提前设计好拍摄场景，然后将需要用到的道具提前准备好。为了提高画面的真实性和生动性，可以时尚地进行搭配，利用一些道具来增加画面的美感。

（3）机位

在短视频的拍摄过程中，需要根据短视频内容，将机器进行不同位置的摆放。镜头所带来的多角度以及冲击性，都要通过对机位的调整来实现。拍摄过程中需要进行多角度机位的拍摄，同时短视频创作团队也要根据内容进行机位的安排。

2. 天气因素

天气对于短视频拍摄也有着极为重要的影响，如果将拍摄具体到不同的天气环境，该如何进行短视频的创作呢？具体如下。

（1）晴天

晴空万里是最适合拍摄的天气。随着太阳的东升西落，画面会随之发生不同的色彩变化，影响着画面的性质。与此同时，还要注意周围环境的影响，因为周围物体反射光的程度不同，会影响视频中物体的颜色变化。在拍摄时，要根据预期的效果，进行相机功能的调整。

在晴天拍摄时，因为光线比较明显，所以对于光线的运用十分重要。逆光拍摄是光线充足时的首选拍摄方式，这样会使被拍摄物体看上去更加立体。

（2）雨天

雨天的拍摄是有一定难度的，要根据雨势进行拍摄的安排。如果视频的内容是拍摄出正在掉落的雨滴，那么就要选择比较暗的背景色，同时选用逆光拍摄。由于雨天的光线反射，物体的反光能力会比较强，所以多视角的拍摄更有利于短视频效果的呈现。此外，在雨天进行构图时，要尽量减少天空在镜头画面中的比例，也可以利用暗色调前景进行遮挡，避免过大的亮度差为曝光增加难度。

大多数短视频的拍摄都倾向于选择晴天，但实际上雨天也是可以拍摄出一部好作品的。雨天可以给人营造出一种朦胧和特别的效果，短视频拍摄时，也可以结合一些自然场景，如从路边的积水中拍人或物的倒影，利用玻璃上的雨水勾画出朦胧的画面等。

（3）雪天

雪天相较于雨天，光线的反射能力会更强。明暗对比很容易超过感光片的宽容度，如果短视频创作团队忽视这一点，就很容易造成画面效果受损。所以，在雪天进行短视频的创作时，要注意使用逆光拍摄，最好加上补光，这时就需要用到反光板这类拍摄器材，也可以通过滤镜，吸收掉一部分光。

在拍摄雪景时，如果有人物的参与，就要将人物作为曝光的标准，然后适度调整雪景。可以将带雪的景物作为拍摄内容的前景，增加画面的空间感，提升画面的视觉感受。

（4）雾天

雾天是一个比较难以把控的天气。众所周知，雾是由大量的水分子组成的，因此，在拍摄短视频时，要注意水分子对于光线的反射，不同的光线方向都会造成不同的拍摄效果。在雾天，侧逆光、逆光或是侧光的拍摄方式都有利于突出雾的特点。

雾天进行场景构图时要注意，为了画面的影调结构以及对比，在镜头画面中一定要出现暗色调景物，这样可以使雾的视觉效果在视频中有更好的体现。雾天和霾有很大的区别，短视频拍摄利用雾天可以很好地展现出奇特的画面效果。雾天拍摄需要选择一位比较有经验的摄像师，可以选择在高处或者某景观台拍摄，将景和物融为一体，这是最常见的雾天取景方式。雾天不仅可以拍摄出奇特的效果，还可以拍摄出干净、简约风格的画面。

需要注意的是，雾天拍摄很容易使短视频画面缺少活力，如此一来对观众的吸引力也会大大降低，因此，雾天拍摄的时候一定要提前选好合适的场地和角度。

3. 选择场地

短视频拍摄的场地一般可以分为两种，一种是室内拍摄，而另一种则是室外拍摄。通常美食类、手工制作、吐槽类等短视频会选择室内拍摄。室内拍摄的时候需要注意拍摄主题和背景的关系。若拍摄的主体是人，则选择的室内不应该太杂乱，甚至有的背景会给人一种喧宾夺主的感觉，因此室内拍摄的时候，尽量简单、整齐，可以突出拍摄主体。

另外，一些访谈、情景剧等类型的短视频，则常常选择在室外拍摄，通常以街景为主，有的会选择在一些有代表性建筑的地方拍摄。

无论选择室内拍摄还是室外拍摄，最重要的是场地的选择不应有太多嘈杂的声音，否则会影响到短视频拍摄的质量。

以上介绍的是不同天气、不同场地下的短视频拍摄的技巧，除此之外，在实际的拍摄过程中我们仍需要注意，在短视频录制过程中，因为人与摄像机之间的距离很近，所以拍摄出来的视频会为后期的声音剪辑增加工作量，所以就需要在拍摄的时候尽量地为后期剪辑工作减少负担。

6.5 通过定场镜头添加移动

定场镜头，即短视频开始时的概括性镜头。定场镜头主要是向观众传递短视频拍摄的背景。定场镜头通常都是视野宽广的远景，画面感和镜头感很强，对观众有较强的吸引力，在情景剧中广泛使用。

在进行短视频定场镜头的拍摄时，要经过深思熟虑。因为定场镜头的好坏，直接关系着短视频是否可以在一瞬间吸引观众的眼球，并且，有时定场镜头不仅可以作为短视频的开端，还可以作为结尾，起到承启转折的作用。下面我们不妨仔细研究一下通过定场镜头添加移动的具体意义究竟是什么。

1. 拍摄手法

定场镜头是基本的镜头拍摄方式之一，很多时候都是可以用到的。在短视频中使用定场镜头也是有诸多好处的，不仅可以清楚地交代出短视频内容发生的位置、时代背景，而且采用远景拍摄增加了镜头感和画面感，可以吸引观众的注意。定场镜头常见的拍摄手法如下。

（1）首尾呼应

首尾呼应是短视频中拍摄定场镜头经常使用的一种手法。开头就是结尾，结尾就是开头，这样的形式手法使整个视频内容更具有完整性，且可以加深观众的印象。

以早期影片《搜索者》为例，它的定场镜头就是典型的首尾镜头相互呼应。影片以一名女子打开大门的镜头作为影片开始，以主角走出大门的镜头作为结束，前后呼应，突出主角经过复仇之旅后的情感落差。如果将这种手法运用到短视频中也是适用的，并且会使短视频在内容上更加完整。

（2）主角开场

镜头对准主角，是现代剧的惯用开场手法，这样的开场可以迅速地拉近观众与短视频的距离，让观众可以从一开始就与短视频的内容主线有直接的接触，加强观众的代入感。此外，通过对主角的刻画，有利于故事情景的发展。这种手法主要应用于以主角作为主线的短视频内容。

“沈阳笑话”短视频的开场镜头基本都是故事的主人公。例如，在短视频《千万不要教女朋友骑共享单车》中，以吕日阳作为开场镜头，然后进行短视频故事主线的介绍，讲述了吕日阳教王小姐学习骑共享单车的过程。视频中笑点频频，但是也不缺乏对感情的刻画。

（3）镜头对准暗示物

观众在点开短视频的一瞬间，都会对短视频所想展示的故事或是想表达的情感内容进行思考。如果短视频在开场时，镜头是对准景色或是物体的，就会激发观众对故事内容的思考。这种开场手法相对比较高明，在应用中往往会收获意想不到的结果。

这种方法比较适合应用于悬疑类短视频，最典型的例子是《搏击俱乐部》。以不断展现不知名物体作为开场镜头，使观众产生疑惑，直到镜头的结尾才揭示这些镜头的含义，给观众恍然大悟的感受，使人印象深刻。

（4）倒叙

大多数的定场镜头都是短视频故事的起点，但是就像文学作品中倒叙的叙事手法一样，短视频的开场镜头也是有倒叙的。例如，将短视频故事中期的画面提取出来，作为定场镜头，然后将故事内容过渡，继而讲述后面的故事。

这种手法避免了观众因为剧情简单而感觉无趣，同时丰富短视频的内容，为内容创造更多的张力，以调动观众的情绪，《盗梦空间》是较为典型的代表作之一。

《盗梦空间》的开场镜头就是男主角被发现昏迷在海边，随后被带到他盗梦对象的面前，镜头一转，开始了故事的发展，观众通过故事情节的推进，慢慢揭开对故事的疑问。这种形式同样适用于短视频的制作，让观众带着疑问去观看视频，会增加情感刺激，使观众印象深刻。

2. 定场镜头拍摄技巧

短视频中使用定场镜头，可以很大程度地增加短视频播放效果，提高观众对短视频内容的理解。虽然在很多短视频中，都能看到定场镜头的使用，但是并非所有的定场镜头都是使用同一拍摄手法的，下面我们就来看看定场镜头的拍摄技巧都有哪些。

（1）常规拍摄

通常拍摄定场镜头的时候都会选取一个特定的大环境然后再切换到具体的场景中，即从大环境出发深入到小环境中。例如，以主人公的办公室作为场景，进行定场镜头的拍摄，首先给大楼一个远景，然后切入办公桌前。这种方式直观地展现了主人公是在办公楼内。

（2）非常规拍摄

非常规拍摄和常规拍摄的最大的区别就在于，采用仰视的角度拍摄。同样以办公室为例，拍摄主人公在办公室的场景时，先用仰视的角度拍摄办公室所在大楼的外观，然后再由远及近地切入到大楼里的办公室。这种方式既体现了位置信息，也告诉观众下一个场景就在大楼内。

（3）带入情节拍摄

就是将前景的人物表演带入定场镜头。例如，在一条繁华的大街，主人公抱着文件，行色匆匆，随后镜头切换到大厅，主人公冲进即将关门的电梯间。这样的镜头介绍了故事的背景，同时也融入了人物的表演。

在定场镜头中加入故事情节，可以更快地将观众引入到短视频中的场景，同时还能调动影片的气氛，传达出一些重要的信息。

（4）建立地理概念

建立地理概念的主要目的，就是让观众可以清楚地知道，短视频的拍摄场地以及人物和事物之间存在的关系。缺少地理信息很有可能会让观众摸不着头脑，他们就得花费时间去思考，如此观众的注意力也随之转移了。

在定场镜头中建立地理概念的视频有很多，例如，电影《阿甘正传》的开场镜头，用羽毛引出主角的登场，在羽毛飘落的过程中交待了相应的地理位置，之后镜头随着羽毛的飘落渐渐切入到主人公身上。

定场镜头属于基本的镜头，在视频中的使用率很高。不同的技巧拍摄出来的定场镜头往往有不同的效果，但最终目的都是向观众传达某种信息。在短视频拍摄的过程中，同样可以使用定场镜头，除了运用以上的拍摄技法外，也可以适当地创新，但一定不要忘记使用定场镜头的作用。

3. 其他镜头拍摄手法

定场镜头是属于比较常见的一种拍摄手法，而在短视频的拍摄过程中还有很多拍摄手法，下面挑选几种最典型的镜头拍摄手法进行简单的介绍。

（1）衔接镜头

衔接镜头的使用往往用来遮盖掩饰视频中不连续的剧情或者跳跃的时空。衔接镜头对于短视频情节的发展是必不可少的，它的使用不仅可以使短视频看起来更加具有连贯性，而且还能有效地推动故事情节的发展。

但是值得注意的是，衔接镜头并不是每个摄像师都能做得很好的，完美的衔接镜头会让观众觉得这样的情节变化顺其自然，反之，如果拍摄手法使用不当，则会让观众觉得十分突兀。

（2）特写镜头

特写镜头是我们比较熟悉的一个镜头拍摄手法，是用来拍摄某一局部细节的镜头，即人、物或者景的某一部分。特写镜头在短视频拍摄中，是观众印象最深刻的镜头之一，丰富了短视频的表现力。

（3）航拍镜头

航拍镜头是指通过无人机，从空中拍摄的俯视镜头。它的优势就是可以完整地展现地面形态，大场景的拍摄很适合用在短视频的开始镜头。早前，航拍镜头因为技术等原因，导致拍摄成本费用较高，但是随着科技的发展，无人机的出现和普及，逐渐使航拍镜头的成本下降。

通常使用航拍镜头，会使视频画面呈现出恐惧、紧张的气氛，但同时也会让整个画面看起来更壮观。

（4）中景镜头

中景镜头多数是刻画人物上半身动作的，很少应用在环境拍摄中。中景镜头比特写镜头包容的景物多，比全景镜头包容的景物少。中景镜头一般都带有较强的叙事性，因此，更适合一些带有剧情的短视频拍摄。

（5）远景镜头

远景镜头常用来展示自然风景以及比较大的场面，重在渲染环境氛围，而不注重人物细节展示。远景镜头和航拍镜头一样，都具有交广阔的视野，但是相比较之下远景镜头的使用率比较高。

我们常见的战争场面、群众场面等都是采用远景拍摄的手法进行拍摄的，使用远景镜头可以通过不同的组接方式表达出人物的情感。

（6）过肩镜头

过肩镜头也可以称为拉背镜头，是指隔着人的肩膀，对另外的人物进行取景拍摄，拍摄距离通常在中景镜头与特写镜头之间。过肩镜头在分清主次的同时，给观众营造一种旁观者的角度。

过肩镜头在很多知名电影中都能看到，这种镜头的使用不仅具有实用性而且还能突出画面的美感。但是过肩镜头的拍摄难度比较高，并不是轻易就可以掌握的。在过肩镜头的拍摄过程中，一定要控制好被拍主体与肩膀之间的关系，一方面要突出被拍主体，另一方面又要让肩膀与视频画面看起来协调。

通常使用过肩镜头处理人物对话的场景，将观众拉到旁观者的角度，从而提高代入感。

（7）手持镜头

顾名思义，就是摄影师通过手持摄像机进行短视频的拍摄，营造一种现场感和自由的风格，会让观众有身临其境的感觉，这种镜头的使用取决于短视频的内容和风格。例如“沈阳笑话”和“东北猫”常用这种短视频拍摄方式，镜头具有强烈的纪实性。

（8）滑动变焦

滑动变焦又可以称为推拉变焦或者是伸缩变焦，是在推进相机的同时使用变焦，对拍摄对象形成缩放的视觉效果，突出画面中的主要对象。滑动变焦的使用可以很好地突出视频中人物内心的紧张感，且十分考验摄像师的拍摄能力。

需要强调的是，在短视频的开场使用定场镜头，一方面可以交待故事发生的时间和地点，另一方面可以交代故事的社会背景，为短视频奠定节奏。同时，因为定场镜头一般都是大场面远景，画面感十足，有利于营造短视频的气氛和感情基调。因此，对于短视频拍摄团队而言，了解定场镜头的使用方法也是非常重要的一门课程。

6.6　工作室布景的技巧

早在20世纪初期，受中国话剧影响，布景首先出现在戏剧的舞台上，例如《红灯记》中“门”的出现，就打破了传统的表演形式，使布景与人物之间形成了真实的互动。

随着社会科技的不断发展，人们的生活水平和精神追求也越来越高，在新媒体视频内容的欣赏上，也已经不单是对故事情节的追求，而更加注重画面的制作效果所带来的震撼。

布景包含着空间和时间的概念，主要是根据团队短视频创作的内容，对除人物之外的事物进行设计布景。在对布景的平面图进行设计时，要把导演构思、灯光师和摄像师的意见融入设计之中，团队在设计平面图时可以多层面考虑，设计出多种方案，结合短视频的内容，选择最适合的平面图进行布景。

布景的主要特点就是场景可控性，就像不用早起去追逐日出的画面一样。那么想要完成一个好的场景布置，首先要求团队对短视频的内容有规划，其次根据内容确定比例，规划道具的尺寸，好的工作室布景可以为视频的创作增加感染力。布景制作分为软景制作、硬景制作和电脑布景 3 种。

1. 软景制作

软景制作包括条屏软景、画天幕软景、绳幕软景和网幕软景等。

（1）条屏软景

是在由布和其他材料合成的条屏上，画上不同的景物，可以单独使用，也可以放在一起，以呈现不同的场景画面。

（2）画天幕软景

画天幕就是在由布组成的天幕上，描绘一些投影不容易表现出来的大场景。这种制作方法费时费力，而且用料较多，所以在短视频的拍摄中很少使用。

（3）绳幕软景

顾名思义，绳幕软景就是由绳子组合而成的，根据不同的视频内容，画上特定的图案并将绳幕加以组合，在绳幕上投以不同的光线，形成绝妙的视觉体验。

（4）网幕软景

将由合股蜡线编织成的网幕系上线，悬吊起来，将裁剪成型的景反铺在地面，放上网幕，用胶将网幕与景固定，裁去网幕多余的部分。将裁剪好的软景平铺在地面上，注意要将有画面的一面朝向地面，从而最大限度地还原构图，最后再将网幕拉开放在景片上。

2. 硬景制作

硬景制作与软景制作最主要的区别就是材质，硬景制作选用白松、杉木等质地相对较轻的木材，具体的木材大小要根据团队对于视频拍摄的需求来决定。将木材条按照布景的比例进行组合，装订成框架，装订好后要反复确认尺寸和外形的结构是否符合布景的制作需求。如果是多块景片的组合场景，要注意每块景片之间的衔接，如果衔接出现问题，就会使整个场景受到影响，致使视频的拍摄效果达不到预期设想。

在硬景制作中，为了使空间看上去很大，常常利用透视投影的重叠效果和人眼出现的错觉制造布景，而这种方式只适合用在中景和后景中。因为地面是水平的，在放置景片的时候要保证景片的稳定性，所以假透视的景片最好是放在上边。假透视在制作过程中无论是比例还是尺寸都要十分精准，避免在拍摄过程中发生差错，影响视频中画面的真实感。

在制作景片的时候，凡是在观众视线范围内的物体，都要按照实际尺寸进行制作，在画面切换为近景时，无论景片有多真实，只要有人物的进入，就会出现失真的感觉。这个时候，就需要在布景时增加一些半立体景，以增加景片的真实度。对于短视频中需要人物直接接触的景物，最好制作半立体景或是立体景。

半立体景和立体景在制作过程中，要考虑实物的外观，在保证稳固的前提下，内部是可以进行粗略设计的。一般都是先钉成骨架，然后进行填充物的填充，最后进行涂色等细加工，达到以假乱真的效果。

3. 电脑布景

随着科技的发展，短视频的布景趋势逐渐向电脑发展，所谓电脑布景，就是工作人员通过电脑绘制虚拟的场景。在电脑绘制的场景中，物体是可以随意改变形状和大小的，也可以进行添加和删除。因此，每一个电脑场景可以应用到不同的短视频中，重复被利用。

在了解了布景制作的方法之后，如何才能更好地将其应用到短视频的布景中？下面介绍一些布景要掌握的基本准则。

（1）短视频场景的设计必须是围绕视频主题的，这是布景的基本原则。布景决定着短视频拍摄的基调，短视频制作的基调就是人物在不同场景下的表现。

（2）布景不仅是为人物提供舞台的，更要通过布景体现短视频制作团队的文化素养，增加短视频的内涵。现在各大新媒体的短视频都有着自己独特的地域特色，除了人物的表演，能够展现短视频特色的还有场景。

（3）格式布局是布景的重要组成部分，短视频的格式布局可以让粉丝清楚地了解故事发生的时间以及背景，增加短视频内容的真实性，对于短视频内容的烘托是必不可少的。格式布局不是生活的还原，而是在真实生活的基础上进行创作的，从而渲染短视频的氛围。

（4）布景的设计需要把握短视频的总体，具体到各部分细节，促进整体的统一。在视频中呈现的画面要与短视频的内容相互配合，对场景细微之处的处理，才能体现短视频创作团队对视频内容的理解、部署程度，才能给观众带去不一样的视觉感受，从而吸引更多的粉丝。

无论是传统布景还是逐渐兴起的电脑布景，在制作过程中都要耗费很多的时间和精力，这就要求短视频创作团队的工作人员在整个过程中，认真地处理每一个细节，因为布景的好坏直接影响着短视频所营造的氛围以及感染力，而短视频的感染力是吸引粉丝的关键策略之一。

6.7 音乐与背景声音处理

短视频是为观众提供视觉和听觉的一种艺术表达形式，本节将主要介绍如何对短视频中的声音进行处理。声音在短视频中的作用，除了配合画面内容的发展之外，更是短视频主题内容的重要表现形式。

在对短视频声音的处理方式进行介绍之前，首先，我们先对短视频中声音的构成进行简单的了解。

1. 主观性声音

主观性声音是指在短视频拍摄过程中不存在的，在短视频后期制作过程中，为了丰富视频内容而添加上的声音。短视频中出现频率最高的就是主观声音，因为创作团队在添加声音时，往往是为了使短视频更加符合实际生活，更容易得到观众的认可。

2. 客观性声音

客观性声音是指在拍摄过程中就存在的声音，即短视频中存在客观发声体，例如，生活中人物的语言声音、汽车喇叭声以及各种嘈杂的声音等，如果短视频的内容需要这类的声音，那么在后期制作时，就会把这部分声音保留下来，以更好地还原人物生活的真实场景。在短视频中，对于客观性声音的运用，往往达到的效果都是出乎意料的。

生活中还存在着一些特殊的客观性声音，如音响和解说词等。客观音响的作用就是使短视频中现实生活部分更具真实性。而主观音响就是在特殊的场景，直观地反映人物的喜怒哀乐，为短视频的画面增添氛围。

解说词大多是用在记录性的短视频中，起着说明性的作用的，充当旁白。解说词的作用主要有 4 点：揭示短视频更深层次的内容；使短视频具备更加全面的叙事能力；使画面与画面之间的转化更加流畅；使画面更加直观，给人以更真实的感受。

通过上面的介绍，相信大家对短视频中声音的构成已经有了一定的了解。下面我们就一起来了解一下，短视频后期剪辑对声音的处理形式有哪些。

（1）在短视频中，同一画面经常会出现多种不同的声音，这时就需要对其中的声音进行处理，使其中一种声音突出，以引起观众对该声音发声体的注意。

（2）在短视频的创作过程中，总会有多种声音的并列组合出现，用来表达特定的场景，例如，表现街道繁华的人声和车喇叭声等。但是，在处理声音时，需要对声音的主次进行适度的调节，把最能表达短视频内容的声音进行放大，作为声音主旋律。

（3）将不同发声体的声音按照短视频内容的需求进行安排，使它们之间形成反衬效果。

（4）用同一声音为同一事物或动作进行渲染时，将声音进行此起彼伏的处理，用来渲染场景的特定氛围。

（5）转换式声音交替，就是利用两个相似的声音，制造从一种声音转化为两种声音的效果，这样的声音处理方式可以充分地发挥声音的感染力，使观众潜意识地保持对声音效果所带来的环境真实性的认可。同时，这样的声音处理方式不会造成声音断裂，给人一气呵成的听觉感受。

（6）无声和有声可以在节奏和情感上形成鲜明的对比，通常无声是用在孤独、不安以及恐惧等氛围下，对人物内心情感的一种烘托。就像在狂风暴雨之后的寂静，这种强烈的对比会给人一种时间、生命静止的心灵刺激，使人感受深刻。

但是，这种处理形式不能在短视频中经常出现，会降低短视频内容的节奏感，使短视频内容失去感染力。

声音与画面的契合，才能使短视频的艺术效果更加明显，如果单独进行声音的处理，就会使短视频的整体失去节奏，不能给观众带去真实的感受。在短视频的制作过程中，声音的处理要像画面内容一样，经过反复的处理和修整。

短视频中声音的统一也是十分重要的，虽然短视频中可以有多种声音同时出现，但是必须只有一种声音是主要的。因此，在处理声音时要特别注意，尽可能地把重要的声音分开处理，避免主要声音的重叠。

总而言之，在对短视频声音进行处理时，要避免声音的重复运用。在设置一种声音时，要考虑该声音所表达的内容是什么，将声音的背景列入考虑范围，避免无用的声音堆砌，要发挥声音画面结合的最好效果。

6.8 紧密剪辑，仅留精华

短视频的后期剪辑，直接决定着一个短视频的好坏以及短视频的意义，剪辑体现着短视频的审美品位，制约着短视频的质量、有利于营造短视频风格，更是短视频思想的最终体现。完善的剪辑技巧，可以有效地提升短视频的质量，是创作优秀短视频作品的关键。

无论是剪辑电影镜头，还是自拍自演的短视频，都有一定的剪辑规律，只有这样才能把短视频组成一个完整的成品。剪辑根据内容的不同，可以分为以下几点。

1. 镜头的组接

镜头的组接就是以导演剧本为依据，按照最好的短视频效果，对短视频中的单独画面进行筛选和去芜存菁的裁剪，最终有思路、有逻辑、有创意地连贯在一起。剪辑镜头的组接可以大致分为分剪、挖剪和拼剪 3 种类型。

（1）分剪

分剪顾名思义就是将一个镜头剪辑成多个镜头来使用，将相似的画面分别用到视频中不同的位置，用于弥补素材缺少的问题。但是多数情况下，分剪并不仅仅是为了弥补前期拍摄的不足，还有增加画面效果的作用。

将一个镜头分成多个镜头运用在视频中，镜头数量变多就可以制造出紧张的氛围，使短视频的节奏感更强一些，同时方便调整视频中不合常理的时空关系。值得注意的是，分剪手法无论是在短视频中还是在电影制作过程中，都是比较常见的剪辑手法，但是都不会出现长时间内反复使用同一个镜头的现象。

（2）挖剪

挖剪的作用与分剪的作用恰恰相反，挖剪就是将一个完整镜头中不足的地方进行修整，抠掉无用部分，例如停顿导致的空白或是多余的内容等。挖剪的手法在实际剪辑工作中是很少使用的，一般只有在出现拍摄失误或者有特殊需求的情况下，才会使用挖剪技巧来完善短视频内容。

挖剪的使用是为了使短视频中的动作、人、物或者一些运动镜头更加具有连贯性，让观众看到一个完整的动作。

（3）拼剪

拼剪是用特殊的手段拼接画面，将相似的画面内容进行筛选，把可以使用的部分进行拼接，用于弥补画面的不足。通常，拼剪只有在镜头太短或者不能再次重拍的情况下才会使用，但是随着短视频行业的发展，越来越多的短视频中都能看到拼剪手法的使用。

使用拼剪手法需要注意的是，要延长镜头的拍摄时间，使短视频中的人物情感得到升华。拼剪的时候要选取镜头中比较突出的一部分进行加速或者延迟的处理，若此一来才能达到理想的剪辑效果。

2. 调整短视频结构

通过对短视频内容顺序的调整、裁剪以及结构的改动，组成短视频的完整结构。典型的方法是变格剪辑，即根据视频中剧情的特殊发展，对画面素材中的动作进行变格处理，形成对剧情动作的夸张和强调，这种方法是渲染氛围的重要方式。

变格剪辑的使用对短视频最直接的影响就是改变了短视频的节奏。为了达到剪辑师对短视频内容的特别需求，使用变格剪辑通常有两种方式，一种方式是通过延长或者缩短的方式，改变视频中的某件事情发生到结束之间的时空距离，从而加深观众的印象。

另一种方式就是，将镜头画面中被拍摄主体的动作或者情绪的强度删减掉一部分，从而达到突出主体的作用。

3. 优化视觉效果

视觉效果的设置包括衔接过渡和特殊视觉等，典型的有3D效果、动态文字效果、滤镜效果和抠图效果等。为了避免整个短视频的画面过度地规律，在添加各种视觉效果时，一定要安排好各个视觉效果使用的节奏，如此一来才能增加视频画面的冲击力。

除此之外，在短视频制作剪辑的过程中，关于色彩应用的问题也要提高警惕。一般剪辑师在颜色选择上大多不会选择黄色，因为黄色在终端显示的时候往往让人感觉脏乱和阴暗，所以使用黄色一定要谨慎。

4. 声音的运用

与短视频风格相吻合的音效可以渲染氛围，增加戏剧效果，更有利于烘托人物的性格。通过对短视频素材的取舍、修整、组合和链接，制作出更具有感染力的短视频，以满足网友的需求。

随着互联网的发展，短视频的传播变得越来越简单，但只是内容与画面的提升，并不能很好地表达短视频所呈现的内容，只有不断提升剪辑技术，才能更具体地呈现出短视频的主题思想。那么什么样的剪辑技巧才能使视频更有风格，在剪辑中还存在哪些注意事项呢？下面就来简单介绍一下。

（1）节奏的把控

由于社会的高速发展，很多网友都希望用最短时间获取最大的信息量。为此，就要求短视频的节奏要是快的，但是也不可一味地用一个速度贯穿全文，要做到张弛有度。例如电影《哈利·波特》系列，故事从平缓的氛围慢慢发展为紧张，然后从紧张快速转换为激烈，故事由慢到快的节奏，突出情节的激烈。在结束时，节奏减慢，为观众对精彩内容的回顾提供缓冲的时间，主次清晰，并明确体现出视频所表达的内容。

想要把短视频的剪辑工作做好，准确把控节奏是很关键的因素，节奏的把控有时甚至会影响整个视频最终的播放效果。通常一部影片分为内部节奏和外部节奏，内部节奏是指穿插整部影片的主线，包括故事结构、内容情节、剧中人物情感的变化等。而外部节奏则是指后期剪辑师创造出来的韵律。

而对于短视频而言，大部分题材都只考虑外部节奏，而像一些微电影、情景剧之类的短视频才存在内部节奏。因此，剪辑师在节奏把控上发挥着重要的作用。

（2）风格定向

确定好短视频整体的节奏基调之后，就能构建出整个视频的风格定向。前期在拍摄短视频过程中，摄像师总会想办法通过各种方式来靠近短视频设想的风格。因此，后期编辑在对视频进行剪辑之前，首先要对短视频的整体风格加以规范和确定，形成完整的构思。剪辑必须是建立在熟悉短视频、掌握编导创作目的基础上的，根据短视频的风格、形式采用特定的剪辑手段，一旦短视频内容的风格得以确定，就应保持短视频的整体风格一致。

（3）结构把握

短视频的剪辑结构要做到内容流畅、严谨、过渡自然，尽可能要新颖。多彩的生活为多样化的结构提供了可能，在结构上做到独特新颖、风格鲜明，才能够引起粉丝的兴趣。

（4）镜头衔接方式

每个短视频在衔接上都会有时间或者空间上的转换，而转场剪辑的方式有直接转场剪辑、动作转场剪辑、特写转场剪辑、音乐转场剪辑、音效转场剪辑、情绪转场剪辑、对话转场剪辑和过渡特效转场剪辑，经常用到的方法就是直接转场。直接转场就是以转换时间、空间或情节的推进为手段，由上一部分直接转换到下一部分。

在进行镜头衔接的时候，一定要符合逻辑关系，即要符合观众的思维逻辑和生活逻辑，否则观众很难理解。同时镜头衔接的方式也应该顺应视频内容情节的变化规律，如此才能呈现出最好的效果。

通常对景色变化做镜头衔接，往往采用循序渐进的方法，逐渐缓慢地变化不同的镜头，才能使景别的变化更加流畅。常见的镜头衔接方法有动作衔接、队列衔接、黑白格衔接等。

无论采用什么方式进行镜头衔接，都应该注意镜头组接的时长、节奏、色调的统一程度等一系列问题，要按照短视频作者的创造意图，从短视频的内容和需要出发，在此基础上可以适当地发挥想象进行创新，但一定不要脱离实际。

（5）剪辑点

在确定剪辑点时，要注意短视频中人物的情绪以及人物声音的感染力。视频剪辑中经常遇到的就是起坐、握手、走路和跑步。在短视频中需要加快节奏的时候，可以把画面进行裁剪，例如，上一个镜头是打开门，下一个镜头就可以是门内的景象。

（6）视听感

剪辑单独的视频无声片段时，要注意思考声音与视频结合之后的效果。

（7）反差效果

往往在短视频中刻意强调的效果，并不能很好地让网友印象深刻，这时候就需要剪辑时运用反差对比的方式。例如，为突出视频中天气的恶劣，可以插入天气晴好的部分进行对比，形成强烈的反差。

动作镜头的组接，有动接动、静接静、静接动以及动接静这几种形式。在剪辑时，以动作作为剪辑中心，一定要考虑画面的整体性，保持流畅性。主镜头一定要是时间较长的素材，这样一来后期剪辑工作才能顺利进行。

在短视频录制的过程中，尽可能不要大幅度改变相机位置，否则很容易影响画面效果，且会导致后期剪辑工作难度的增加。除此之外，要注意视频中动作的时间性，不要太过拖沓，尽量压缩动作中可以省略的部分。对已经拍好的素材进行剪辑时，偶尔对部分镜头可以省略或重复，这样的视频会更具冲击力。尝试使用不同的画面连接，针对同一个镜头时，连接点要尽量选择在动作的顶点处。

随着社会的不断发展，人们自身的审美和思想也在不断发生着改变，精彩的视频内容和华丽的制作已经不能满足人们的需求。只有把精彩的视频内容与熟练的剪辑技术相结合，再融入自己的创意，才能为粉丝带去完美的视觉感受，从而吸引更多的粉丝。

第 7 章

快速引爆：摸准渠道的脉门，低成本也能 100 多万

07

渠道的选择相当于给短视频找到了流通路线。不同渠道的选择给短视频带来的收益分成是不同的，最重要的是带来的用户流量也是存在差异的。因此，快速摸清每个渠道的脉络，有针对性地利用各种技巧，才能让我们用低成本的方法获得高流量。

7.1 如何取一个 100 万播放量的短视频标题

标题的好坏会影响短视频的播放量。好的标题会为短视频的传播起到推波助澜的作用，相反，一个不好的标题甚至会掩埋一个优质内容的短视频。说到用标题带来播放量，我们首先就会想到标题党。

但是我们所说的好标题并不是大家认为的标题党，而是在保证优质内容的前提下根据标题自身的特点和平台运营，去摸索总结出一些起标题的门道和规律特点。在了解取标题的技巧前，我们需要清楚为什么好标题对短视频来说那么重要。

我们都知道用户在选择观看短视频时，所有的内容都会以列表的形式呈现在同一界面中（如图 7-1 所示）。

图 7-1　今日头条和美拍的界面对比

此时，需要通过用户的点击来决定短视频的播放量，无论什么原因只要用户点击一次就相当于视频被播放一次。在这种情况下，影响用户点击的就是短视频标题了。一堆短视频中，在看不到内容的情况下同时呈现，如果能依靠短视频标题和封面图片来吸引观众，那么也就比别人领先一步了。

用户除了直接在视频页面选择观看内容外，也会手动输入一些关键词进行搜索观看。如果我们的标题上有用户搜索的关键词，那么短视频就会被推荐给用户，增加被观看的概率（如图 7-2 所示）。

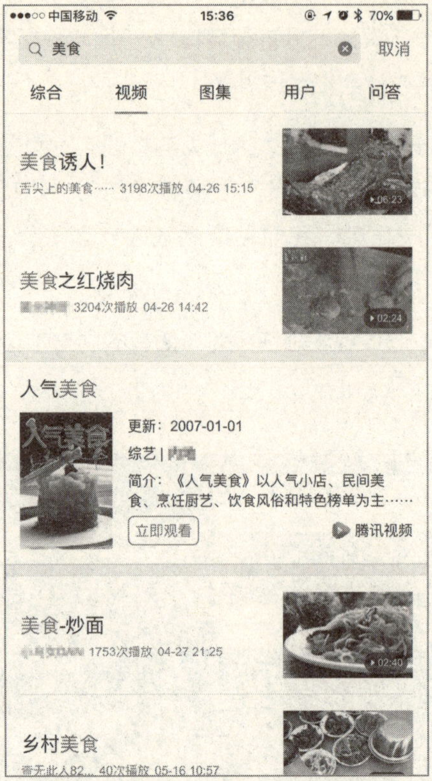

图 7-2　在今日头条搜索“美食”关键字

当用户在今日头条的搜索栏中输入“美食”，那么所有在该平台上发布的标题上包含“美食”二字的视频内容，就会被推荐给用户。

在这种情况下，界定标题好坏的最直接标准，就是看目标用户的点击量。只有先吸引眼球，让用户点击观看短视频，才会有收藏、转发等一系列接下来的活动。那么如何才能取一个可以带来高点击量的标题呢？具体如下。

1. 巧妙利用数字

数字本身就具有强大的力量。当你的短视频被推荐到各大平台上时，用户在界面浏览内容，停留在标题上的时间不会超过 2 秒。那么如何让用户在短时间内可以一眼就看到你的标题呢?

这就需要短视频标题既要简洁明了，又要直观，而数字正好就有这样的特性（如图 7-3 所示）。

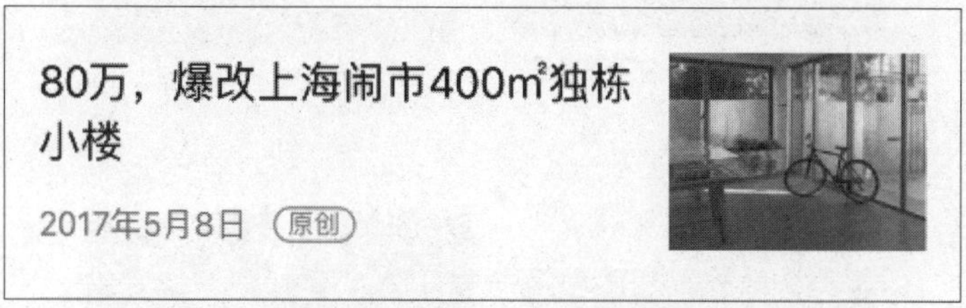

图 7-3 一条发布的短视频

“80 万，爆改上海闹市 400 m² 独栋小楼”这是一条发布的一个短视频。单看标题，数字使用让用户一下子抓住视频内容的关键，上海 400m² 小楼只用 80 万改造。

除了将内容更直观地摆在用户眼前，数字的使用让标题看起来更加精确简洁，会给用户带来一种肯定的感觉。用户看完视频，就能清楚装修 400 m² 用 80 万是怎么做到的。数字的使用让用户的视觉很有冲击感，在某种程度上也是为了引导用户观看短视频。

因此，在标题中巧妙地利用数字，将标题中所有能用数字表达的文字都替换成阿拉伯数字，更能提高用户的视觉敏感度。需要注意的是，阿拉伯数字的“1、2、3”直观程度要高于文字式的“一、二、三”。两种形式哪个更直白、更直观，是显而易见的。

2. 引起用户好奇

用户在好奇心的驱使下，就会不由自主地点开短视频，在用户不知道内容的情况下，通过标题是最容易引起用户好奇的方法。

（1）标题提出疑问

这个方式主要就是利用人性的特点，让用户产生好奇心。当用户心中产生疑问时就会有想要一探究竟的欲望，这样一来也能够增加短视频的点击量（如图7-4所示）。

图7-4 “三顾”短视频截图

以上几个短视频都是“三顾”发布的，标题都利用了疑问句的形式。以“有了钱之后，你最想做什么？”为例，看到这个标题，部分用户在脑海里就会蹦出“如果有钱了我会做什么？买房？买车？周游世界？视频到底说的是什么？”等类似的疑问。

带着好奇心和内心的疑惑，用户自然而然就会点开短视频。从上图中也可以发现，疑问式标题的短视频播放量都不会太低。

（2）诘问语

“你敢吗”“你一定想不到”“你一定不会”等，像这类语句都属于诘问的，用户看到这样的标题会产生较大的刺激感，同样也会好奇，想知道短视频的内容。看看到底是什么样的事情，究竟是不是自己不会的，不敢做的等（如图 7-5 所示）。

和使用疑问句的目的一样，都是为了引起用户的好奇心，但需要提醒大家的是，使用诘问式标题，在带来高点击量的同时，要保证短视频的内容有足够的深度，能给用户带来意想不到的感觉。否则也只是徒劳，甚至引起用户的不满。

图 7-5 以“创意 72 变”短视频为例

（3）矛盾体

在标题中使用前后矛盾、冲突的字眼，也会增加用户的好奇心理。例如“我失业了，但是我很快乐”“渴了，为什么不想喝水”等。看到这样的标题，用户首先会觉得莫名其妙，不合常理。失业本来是件很难过的事情，怎么还快乐得起来？渴了就要喝水，为什么却不想喝？用户想到这里，好奇心自然就会引导用户打开短视频，去解决心中的疑惑。

总之，好奇心是引导用户最容易的方法，用户都有想要获得某些内容的心理。特别是对于未知的、有疑问的事情，用户想要了解的欲望最深刻。因此，要让你的标题不留痕迹地引导用户，就要抓住用户的好奇心。

3. 利用用户痛点

一般来说，用户在生活工作中碰到的困难问题都是痛点，问题有多严重，痛点就有多深刻。简单地说，用户的痛点是什么？无非就是矮、胖、穷、丑、夏天热、冬天冷等。说到底就是抓住和用户相关的、感兴趣的、有共鸣的内容作为短视频标题。

许多短视频能够在短时间内迅速蹿红很大一部分原因就是：视频从标题到内容都能够抓住用户痛点。2017 年 11 月，很多人都被罐头视频发布的一则名为“这个季节，起床困难户的内心戏要多丰富就有多丰富”的短视频吸引了目光（如图 7-6 所示）。

图 7-6　罐头视频发布的一则短视频

冬季天气寒冷，早晨不愿意起床。这对于很多用户特别是年轻人而言，都是痛点。视频标题中带有这样的字样播放量也不会太低。而带有痛点的标题，更贴近用户生活，就更容易引起关注。

4. 添加关键词

这里的关键词是指时下热门词汇，也就是用蹭热度的方法。这类词汇一般都带有高流量，用户搜索或选择的概率会更高。即使我们的短视频内容和这些关键词一点都不沾边。我们也可以和关键词“套近乎”。

但是需要注意的是，使用这类热门词汇是个技术活，需要对关键词高度敏感，能够快速在词汇热度不减的情况下尽早使用，否则随着时间的流逝，词汇热度一旦降低，再次使用不但不会给短视频带来较高的点击量，而且会让用户产生反感和视觉疲劳，弄不好会带来消极的影响。

5. 增加代入感

有代入感的标题能拉近和用户之间的距离，而让用户产生代入感的方法有很多，最简单的方法就是加入人称“你”。例如“你应该知道的 ×××”“×××对你有用”等这样的标题就很有代入感，让用户觉得视频是为自己量身定做的。这样一来，更愿意打开看看。

除了添加第二人称外，将标题场景化也是增加代入感的一种方式，让用户看到标题就陷入编织的情境中。

以上就是提高标题效果的几种技巧，方法不是固定的也不是绝对的，在运用的过程中都需要我们根据实际情况，进行不断优化。而只有在这些基础的技巧上反复练习，才能慢慢地提高标题质量。

无论使用哪种方法，起标题一定要根据短视频的内容而来，只有在内容的基础上才能摸索出一些适合自己的门路，这也是我们在给短视频起标题时需要注意的问题。一定不要在标题上故弄玄虚，使其和短视频内容之间落差过大。

7.2 如何提高其他流量分发平台的短视频播放量

今日头条为 2016 年宣布加入短视频分发行列，并投入了大量的资金作为补贴，给予短视频内容原创作者。这无疑给很多短视频新媒体人打了一剂兴奋剂，而今日头条在抓住短视频这一风口后，也逐渐成了中国重要的短视频平台。

相关资料显示，头条视频在过去的某一个月里视频的播放量就达到了 302.7 亿次，而当月上传视频的总量就已经达到了 91.2 万部，其中原创视频就占据了 4.7 万部。从 2015 年开始今日头条试水短视频行业，到了 2016 年短视频被正式作为重点项目进行开发，今日头条逐步利用短视频点燃自己的社交梦。

不仅如此，在 2017 年 2 月 2 日今日头条全资收购了 Flipagram 团队，正式进入了全球范围的短视频市场。

毫无疑问，今日头条在短视频领域已经占据了重要的地位，其拥有的视频内容量也是非常大的。而要想从这个拥有海量短视频的平台中获得高流量，也变得越来越难。但是我们都知道，头条是根据推荐算法来进行短视频推荐的，每一个账号都有机会，只要配合着我们自身的运营能力，还是能够从中间摸索出提高流量的技巧的。

想了解如何才能提高头条短视频播放量，我们需要先弄清楚头条平台的推荐机制是如何运行的。只有充分了解后，才能更深入地探索和发掘提高流量的技巧。我们在分析后，了解到头条视频的推荐机制是这样运作的（如图 7-7 所示）。

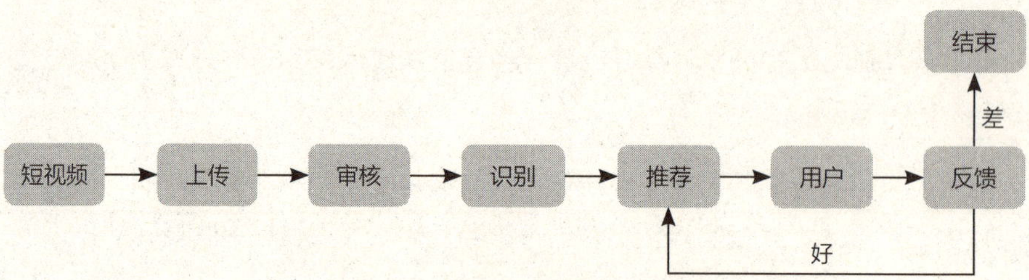

图 7-7　今日头条短视频推荐机制

这个推荐机制相当于一场一场的比赛，而评委就是广大的头条用户。我们在头条中上传短视频后，会经过平台的审核和识别，按照短视频的内容和标题进行标签化分类，紧接着会将短视频试探性地推荐给一部分目标用户。

按照第一批用户的反馈情况决定是否要继续推荐，反馈好的短视频将进行再次推荐，而反馈情况差的短视频就会直接停止推荐。

从这个流程上可以看出，影响头条推荐量的因素正是来源于用户的反馈，而用户的反馈可以理解为视频的热度和转化率，其中包含着各种影响因素（如图 7-8 所示）。

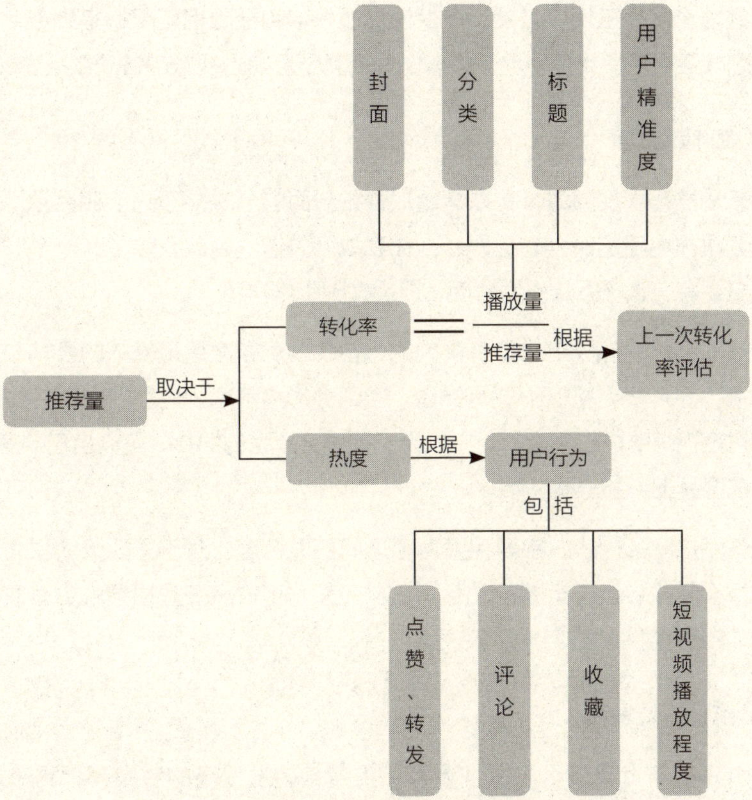

图 7-8　影响今日头条推荐量的因素

看明白了图 7-7 和图 7-8，也就清楚了今日头条的短视频推荐机制，其中存在着很多可控和不可控因素。对于平台自身的机制规则我们是无法进行修改的，而其中存在的可控因素，就可以成为我们提高视频播放量的入手点。

1. 短视频标题

之前的章节中我们已经详细介绍过，如何给短视频起一个好标题，可以提出疑问引起用户好奇心、使用阿拉伯数字更直观等方法。但是，需要注意的是，今日头条在给用户推荐短视频的时候，会按照标题涉及的关键词标签，将其推荐给打过同样标签的用户。例如，我们在今日头条中推送的视频内容主要讲的是华为手机的使用技巧，若是短视频标题中包含“华为”这一关键词，那么头条就会将该条短视频推送给所有打了“华为”标签的用户。

因此，在写标题时一定要注意，不要做“标题党”，要保证标题和内容的一致性，好内容才是王道。当然，在保证优质内容和标题相匹配的基础上，更具特点的标题才会更吸引用户，而这带来的好处就是影响短视频的各项数据表现。

2. 短视频封面

头条在推荐短视频时，是以标题加视频封面的形式推荐的。在目标用户看不到短视频具体内容的时候，标题和封面就成了关键。因此，除了有一个好标题之外，还需要有一张好图片作为封面，以发挥到引导作用。

在封面图片的选择上也是有讲究的，首先，清晰度是最基本的要求。其次，还要注意，图片要完整但不要有黑边，否则会影响美观。对于封面图片的选择一定要根据短视频的内容来定，可以运用一些搞笑夸张的图片，可以自己创意设计，也可以在图片上添加一些文字。

无论添加什么内容，都要保证两者之间的融合度。对于短视频的封面图片，尽量选择全景或接近于远景的图片，这样一来，用户点开短视频就更有冲击力，还能增加新鲜度。

3. 点赞、转发和收藏

从今日头条上我们可以发现收藏、点赞和转发量高的短视频都具有以下的特点。

（1）实用性

内容实用的短视频更容易被收藏转发，例如生活小技巧、美食制作、手工艺教程等。这类短视频能让用户观看完后学会一种技能，对自己有帮助还会增加有新的认识。

例如，“夏天蚊子最怕它，摆在门口和窗边，不用挂蚊帐，家里一只蚊子看不见”，这个视频的标题很长，从标题就能清楚知道视频的内容。虽然视频仅仅只有 1 分 21 秒，却因为内容的实用性获得了 1404 万次播放量（如图 7-9 所示）。由此可见，实用性内容的短视频是很受用户喜爱的。

（2）延续性

来不及或没有时间看完的短视频用户都会先进行收藏或转发，方便下次自己能快速找到该内容。但是这个特点存在一定的偶然性。

图 7-9　短视频截图

（3）新奇幽默

对一些搞笑幽默、新奇的内容，用户总是保持着较高的兴趣，因此，一些非常炫酷、神奇的短视频内容都能成为用户转发、点赞和收藏的内容。

根据以上的这些特点，在制作短视频的时候可以多运用些用户喜爱的选题，在短视频的内容、时间长短和题材等方面更迎合用户的口味。这样一来，就更能提高短视频的转发量、收藏量和点赞数量。

这 3 个方面数量的提高所带来的必定是短视频热度的提升，那么最终转化成高流量就不成问题了。

4. 头条的评论区

提高短视频热度的另一方面就是增加和用户之间的互动，短视频在被头条推荐后并不是什么都不做就能等来高播放量的。互动程度是直接关系到短视频播放量和推荐量的主要因素，因此，在短视频运营初期，一定要积极回复评论区中的内容。

除了及时回复用户，活跃头条评论区还可以从以下两个方面入手。

（1）内容

用户一般都是在观看完短视频后才会进行评论的，因此，我们要让用户观看完视频后有想要评论的意愿和冲动，这就涉及短视频内容题材的选择，选择一些用户感兴趣、贴近用户生活的、有共鸣的话题作为内容，这样很容易引起用户的表达欲望（如图 7-10 所示）。

图 7-10　今日头条视频截图

图 7-10 所示的这个短视频题材就是非常贴近用户生活的，用户看了这样的短视频就更有表达欲望。而中国大妈国外包饺子本身就很具有话题性质，因此，该短视频的评论量也是极高的。

而对于一些深奥的内容，用户看不懂自然也就没有想要参与评论的意愿了。内容选题是一方面，我们还可以在短视频中多加入一些可以吐槽的点，抛出一些有争议能互动的话题，引导用户在评论区中讨论。

（2）自己评论

短视频在刚刚被推荐时，参与评论的人很少，我们就可以在评论区中自己发布评论来引导用户参与，从而营造出热闹的氛围，其他用户看到了自然也就想凑一凑热闹了。

提高播放量是很多短视频媒体人最渴望的，但是在提高播放量的同时也要遵循头条发布内容的规则，例如，短视频中添加的广告不宜过长，避免抄袭等。只有在保证内容质量的基础上，运用这些技巧才能达到想要的效果。

头条平台是在不断发展的，随之而来的就是机制的变化。想要在头条中获得高播放量，单凭以上的技巧是不足以完成目标的，因此，就需要我们在日后的运营中多观察、多发现。

7.3 如何提高短视频平台的流量及订阅

以美拍为例，美拍也是一个很受用户喜爱的短视频平台，自从美拍的短视频应用推出后就持续爆红，短时间内用户数量就已破亿。据资料显示，截至 2016 年 6 月，就有 5.3 亿的用户在美拍上进行创作。

如此大的用户基数和活跃度，使得美拍也帮助了很多“平民”用户摇身变成了网络红人。那么问题就来了，如何才能从如此高流量的平台上获得更多的用户关注呢？对于刚进入美拍平台的新手来说，要想获得高粉丝关注数，关键是要先清楚美拍推荐短视频需要通过什么样的过程，也就是平台机制。

对于刚进入平台的栏目，美拍前期都会给予一定量的粉丝，但是要想获得最原始的粉丝量是有前提的，那就需要你的短视频是有特点的、原创的、栏目化的。只有满足这些前提，你的短视频才可能受到美拍平台的青睐。

当我们积累了一定的粉丝数量后，美拍的推荐机制就是这样的（如图 7-11 所示）。

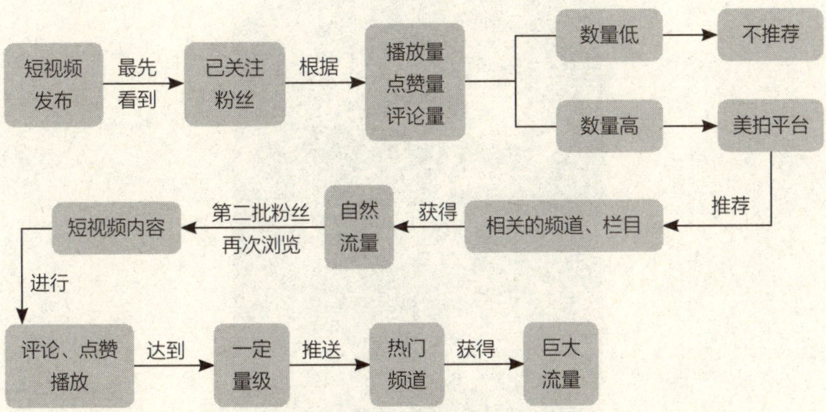

图 7-11 美拍推荐机制

我们在美拍中发布短视频，最先能够看到的就是已经关注我们的粉丝，根据这些粉丝的播放量、评论量、点赞数量的多少，美拍会决定是否在美拍平台进行推荐。粉丝反馈高的短视频会被推荐到相关频道中，这样一来就能获得频道中的流量了。

而如果这部分自然流量对短视频的反馈也高的话，我们的短视频就会被又一次推荐到热门频道中。若我们的短视频出现在热门频道中，那么粉丝关注数量、视频播放量等就能轻而易举地增多了。

因此，若想要获得更高的粉丝关注量，我们需要做的就是细致化运营短视频，设计好短视频的每一个环节，这才是获得高粉丝关注量的前提。

1. 头像

很多人认为提高粉丝的订阅数量和头像没有太大的关系，但事实上，这其中还是有讲究的。头像出现的地方，包括频道列表、单视频上方等有很多。当短视频被推荐到频道列表时，就需要和其他同样出现在列表中的内容进行比拼（如图 7-12 所示）。

图 7-12　美拍界面截图

除了短视频封面的比拼，就是头像之间的较量了。因此，在设计头像时需要考虑到，我们的头像能否在一堆内容中快速进入到用户的眼中。在选择头像的时候，尽量选择头像颜色鲜艳一点的颜色或是跳跃色。

要让自己的头像更突出、更有特色，头像一定要吸引人，才能有更多的机会被用户点击。

2. 拟好标题

标题会出现在“你可能感兴趣”一栏中，在这几个栏目中都是单个视频出现的，并且标题只显示前6个字，因此，这前6个字就变得重要了，直接影响用户在“可能感兴趣”列表中挑选的短视频（如图7-13所示）。

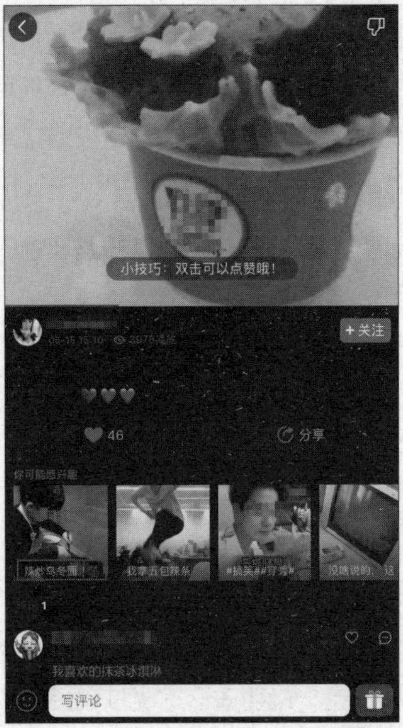

图7-13 “你可能感兴趣”选项截图

“你可能感兴趣”一般出现在每个小视频评论区的上方。在这里只能显示视频的封面和标题，因此，在设置标题的时候要尽量在6个字以内就能交代清楚短视频的内容。标题要偏娱乐化一些，可以添加些悬疑色彩，但一定不要是“标题党”。

另外，在拟定标题时会带有标签，要将标签加到标题的末尾部分，以免挡住标题的内容。

标题的重要性不再赘述，严格按照以上两点要求，就能让标题发挥引流的作用。

3. 视频封面

封面图对于每个短视频来说都是重要的因素。在美拍中，每个频道都是以首图视频流的方式进行呈现的，几乎在用户可以看见的界面中，都会出现短视频的封面图。美拍中好的视频封面图能大大增强用户点击的欲望。

那么在选择封面图的时候一定要精挑细选，尽量选择漂亮的、可爱的，也可以选择一些夸张、惊奇的图片，这些都能成为吸引用户的封面图。

在选择封面图的时候还应当注意，封面图要占满整个图片空间，避免出现黑边，使封面看起来更有美感。很多人都觉得封面图并不重要，因此，常常会随意选择一张文字图片作为封面，这一点也是需要避免的。文字图片相对来说较为简单，没有创意也没有新鲜感，有时候很难引起用户的关注。

要让用户从一张封面图开始，就有想要打开短视频的冲动，这样一来粉丝关注数量自然也就不会少了。

4. 打标签

标签是美拍中的一大特点，标签打得好与坏直接影响到的是短视频的推荐和播放量，因此要集合自己短视频的内容，打上一个专属标签。有一个标签是一定要有的，就是“我要上热门”。打上这个标签，才能让美拍的推荐小编注意到你的视频内容，这样就能增加被推荐的机会。

美拍中包括很多频道，涉及吃秀、美妆、搞笑等内容。在给短视频打标签的时候，一定要打上相关的标签，但要谨记不要打和短视频内容不相关的标签，否则很有可能在审批推荐的时候被否决掉。

除了上面说到的，打标签还应该注意，标签的数量不宜过多，否则会收到来自美拍系统的私信警告，三四个标签为最佳。还有就是我们在标题中提到过的，标签一定要打在标题的后面，这样才不会影响到标题发挥的作用。

5. 热门话题

和微博一样，美拍也同样有个热门话题区域，在这个区域中以时下热门的主题标签或者活动标签为主（如图 7-14 所示）。

有些标签是长期存在的，这样在我们发布短视频的时候，就可以在标题后面打上这类标签，我们的内容就可以经常在这些主题下面出现，加大曝光率。同时，我们在制作短视频时，也可以根据美拍上的热门话题进行选题，既增加了短视频选题范围，又能紧跟热点。

图 7-14　美拍热门话题

在这个娱乐至上的年代里，纯说教的内容是没有什么分享价值的，广大用户更喜欢娱乐性强一点的内容。积极参与美拍的热门话题，散发自己的观点，才能吸引更多的粉丝关注。多参加转发热门话题，才更容易被粉丝发现你的存在，提高被关注的概率。

美拍平台是在不断升级更新的，而我们能做的就是更细致化的运营，从头像到标题、从封面到视频内容，都是需要我们精心设计的。要做到让每一个发布的短视频，都发挥出其最大的效果。同时结合各种技巧，才能获得更多的流量和粉丝关注。

7.4 如何通过短视频给微信公众号导流

很多短视频都是在各个平台进行发布的，当我们的短视频在某个平台上获得高播放量时，我们只能清楚地知道一个数据，并非真正知道到底是哪些用户对你的内容感兴趣，更不要说将这些用户留下作为自己的忠实用户了。

而利用短视频给微信公众号导流，通俗意义就是将播放量的数据形式转化成一个个可以直接交流的对象。这样一来我们就可以充分了解粉丝用户，清楚地画出粉丝的“肖像”。

微信公众号的后台有着强大的数据库，可以帮助我们快速了解粉丝用户的特点，清晰地知道用户观看完短视频后最真实的信息反馈，从而不断优化我们的视频内容。无论是运营微信公众号还是短视频，用户都有着重要的作用，我们应该高度重视他们。

但是通过短视频给微信公众号做导流还是有一定难度的，让用户的关注从短视频转移到微信公众号，这其中存在着很多环节，是一个非常复杂的过程。因此，我们也只能在不断的探索中，总结出更简单、更适合的技巧方式。

通过短视频给微信公众号导流常见的有 3 种方法，即硬转化、利用活动转化及内容导流。

1. 硬转化

硬转化是最简单也是最基础的一种导流方式，就是在短视频播放结尾处或视频中，将微信公众号的相关信息放上去。

Maxonor 创意公元在每个短视频播放结束后都会将微信公众号的二维码放置在上面（如图 7-15 所示）。

Maxonor 创意公元给微信公众号做导流使用的就是硬转化方式，将公众号的信息放置在短视频的结尾处，在转化语文案的选择上也一直沿用着清新、简单的风格，“感受最美的创意生活，请关注 Maxonor 创意公元”。

公众号的信息与短视频剪辑可以说是无缝衔接的，在保证内容的正常播放下进行公众号插入，一气呵成。

硬转化虽然是最基本也是最容易的公众号导流方式，但是还需要注意的是，需重视转化语的文案写作，好的转化语文案会给微信公众号带来高好几倍的流量。

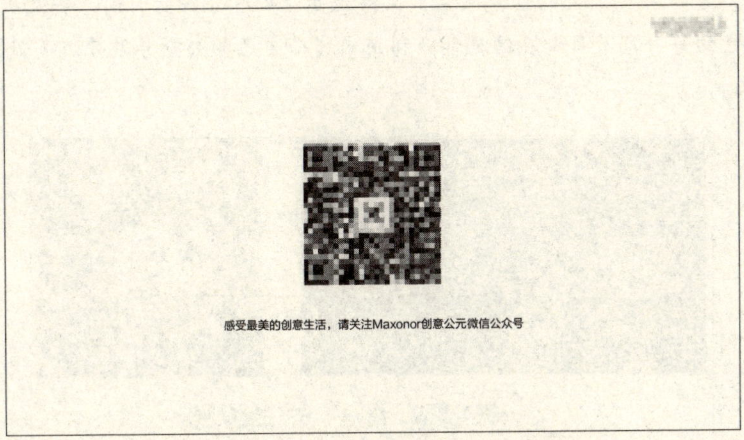

图 7-15 Maxonor 创意公元视频结尾

2. 利用活动转化

通过活动的方式给微信公众号做导流，最重要的就是制定活动策划的内容。我们常见的形式有“关注公众号，可以免费获得一份精美礼品”“扫描二维码报名参与活动”等。

利用几秒的时间，在短视频中添加一些活动信息，这种低成本的方法也能为微信公众号减少一大笔推广费用，同时，还能吸引粉丝关注，达到好的效果。利用活动转化的方式给公众号做导流，比较适合一些小的短视频团队。

由于这种互动的方式简单，且还有一定的效果，很多短视频团队在刚开始的时候都会选择这种方式进行导流。从另一个角度看，短视频活动转化也相当于鼓励用户生产内容，而微信公众号就作为用户生产内容的提交平台，这样一来用户自然就关注公众号了，而这对短视频的策划制作、内容选题也是很有帮助的。

3. 内容导流

当你觉得以上两种导流方式都不能达到理想效果的时候，那么就可以选择用内容来做导流。我们经常会见到，最简单的内容转化就是类似于在公众号的二维码旁边配上“想知道更多精彩内容，尽在 xxxx 公众号”的文字。

看鉴也是一个很火的短视频栏目，每次用 2 到 5 分钟的时间，普及历史文化知识。它的每一期节目都在结尾部分利用内容给自己的公众号做导流（如图 7-16 所示）。

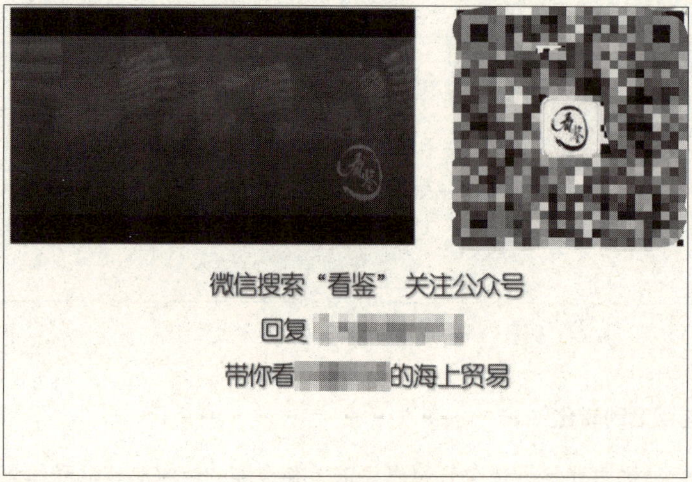

图 7-16　看鉴视频结尾

图 7-16 所示的是看鉴“历史大揭秘”中“不得不服，隋炀帝的又一壮举！”的结尾画面，视频内容讲述了隋炀帝通过西巡，又一次打通了丝绸之路，为唐王朝的盛世奠定了基础。在完成一系列讲述后，作者在视频结尾处，再一次抛出了新的话题。

新话题的内容是宋朝的大航海时代，用户要想知道大航海时代的盛况，就需要关注微信号进行回复，才能得到内容。这就是一个利用短视频内容给公众号做导流的方法。看鉴几乎会在每一次视频的结尾处根据视频内容设置一个话题点，引导用户关注公众号。

另外，有些短视频团队会对同一个短视频做出两个不同的版本。一个是视频的完整版，会被投放到微信公众号中，而另一个版本是去掉结局部分的，将被推送到各个短视频平台上。

用户要想看到短视频的结局部分，是需要关注公众号才能获得的。这样的方式表面上是在勾起用户的好奇心，实际上是在利用短视频潜移默化地为公众号导流。选择这种形式的一般都是剧情类的短视频。

通过利用短视频内容给公众号做导流而获取粉丝的效果是稳定的，但是这也需要长期的坚持，不但需要积累制作出优质的短视频，而且还需要消耗一定的时间精力才能给公众号带来可观的流量。

以短视频内容做导流的方式可谓是多种多样的，但是抓住内容转化的点是最关键的问题。选择内容转化的点要能够激发用户好奇、八卦的心理，才能让用户主动去关注公众号。而我们在做内容转化时也一定要注意，引导用户关注微信公众号的文案不要强硬植入到短视频中，这样对用户也是一种伤害，会破坏我们和用户之间的友好。而在选择好内容转化的点后，还需要不断地检验测试，看看选择的内容是否能够达到我们想要的效果。

利用内容导流最关键的一点是，我们选择转化的内容要和短视频正片的内容有较高的匹配度，此外，在短视频中做内容转化的时候，一定不要忽略用户的观看体验，这样才能给我们的公众号带来预期的流量。

通过短视频为微信公众号做导流，首先需要定义好我们要选择的方式，其次选择好要转化的内容。而要想导流达到效果就需要我们找到用户刚性需求的转化点，才能达到最佳的效果。导流是一个长期的过程，只有在不断地测试检验各种方法过后，才能慢慢摸索出适合自己的渠道，给公众号带来更多的流量。

7.5 总结经验方法，提高更新速度

对于每一个短视频团队来说，提高视频的更新速率会为其带来很多好处。短视频的播放时间一般都在 5 分钟以内，要想吸引用户就必须在短时间内满足用户的需求。而在短视频火爆的时代，每个短视频团队都在争夺同一批用户。

因此，只有快速更新作品才能在视频平台上进行大范围的曝光，让用户记住你，否则在短视频产量高的情况下，用户会更容易忘记你。当用户养成固定习惯，在固定的时间看你的短视频，那么这个用户就会成为你的粉丝，积少成多慢慢就会吸引更多的流量。

另外，提高更新速度不但能够提高品牌的知名度，激活用户，而且还能带来

最直接的好处就是收益的增加。而想要提高更新速度，达到短视频日更状态也不是不可能的（如图 7-17 所示）。

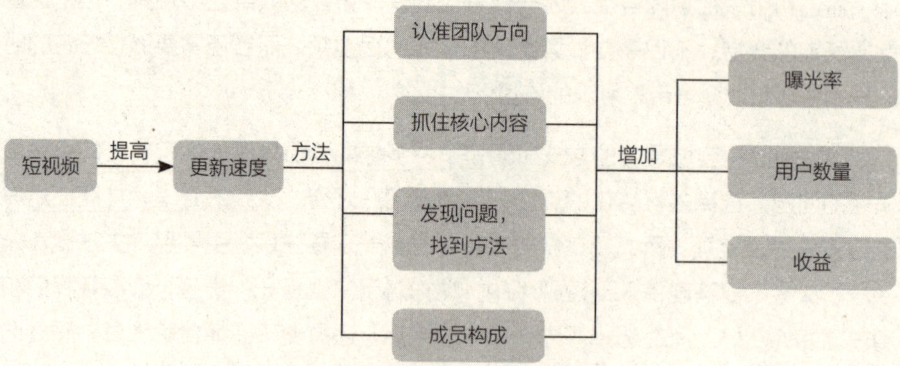

图 7-17　提高短视频更新速度

1. 认准团队方向

每个短视频团队在建立之后，面临的第一个重要的问题就是确定团队方向。如果用短视频的播放效果来检验团队方向选择的正确与否，是会消耗大量的时间和精力的，而单凭短视频的播放量也无法衡量一个团队方向选择的正确与否。

因此，在运营短视频之初，我们需要低成本、高效率地找到团队方向。确定好我们所在的团队要做什么类型的短视频，是科技类、生活技巧类，还是美食类等。在确定好团队的大方向后，才能寻找到相关的素材资料，然后进行拍摄。

通过团队成员的共同策划制定出每天的短视频选题方向，集思广益，才能达到日更的效果。除此之外，还要对已经推送过的短视频进行数据分析，分析观众喜好类型、短视频特点等因素，从而帮助团队找到正确的选题方向，避免由于错误选题带来的不必要的损失。

2. 抓住核心内容

短视频的最核心元素就是内容，内容的质量直接影响着短视频推送后的效果。要想提高短视频更新速度，达到日更的状态，前提是需要抓住内容核心。很多短视频团队在制作过程中，往往更加重视短视频最终的呈现效果，而忽略了核心内容。

视觉效果固然重要，但是团队的工作重心始终是要放在内容之上的。因此，就要减少对视频外包装的过分追求，例如，减少在短视频片头片尾的复杂设计等。尤其是对于很多初创团队来说，先做好内容才是最重要的。

所以，一定要先抓住短视频内容最核心的部分，减少一些外包装。这样一来，在保证质量的前提下，才能提高更新速度，达到日更状态。

3. 发现问题，找到方法

很多团队的短视频更新速度很慢，而如果想要提高更新速度，就需要从每次短视频的制作过程中找到问题，是视频拍摄时间太长、剪辑流程太复杂，还是在选题上浪费太久的时间？只要发现这些问题，并找到解决方法就能帮助我们提高更新速度。

以选题问题为例，姜老刀的日食记，每次在开拍下一集视频的时候，都会进行团队头脑风暴。大家觉得谁的构想好就会共同把这个选题进行完善，然后再动手拍摄。各个短视频的拍摄过程都最大限度地调动全员的工作效率。

这样一来就减少了决策时间，灵活选题，同时还提高了工作效率。毕竟一个人的想法和视野都是有限的，全员进行头脑风暴，才能打开思路，同时节约时间。

因此，提高短视频更新速度就要善于发现制作过程中存在的问题，找到高效的解决方法，避免在流程上浪费过多的时间，让拍摄环节尽量做到流程化、一体化和规范化，这样一来每次拍摄流程就能被快速复制。

4. 成员构成

要提高短视频的更新速度，我们需要组建一支高效的团队。短视频的更新速度、状态和团队的构建有很大程度上的联系。组建短视频团队大致可以分为 4 个部分，即编导、摄像师、剪辑师和运营人员。

这是一支短视频团队最基本的组成部分。人数不是最重要的，能力才是关键的。就拿摄像师来说，一个优秀的摄像师能完成短视频一半的工作，摄像师是短视频制作的关键，而全能摄像师精通各个拍摄方法，可以减少后期剪辑工作甚至不需要再进行剪辑。

这样一来，我们只需要在前期策划得更细致一些，对后期短视频包装得更突出。因此，短视频制作过程中对团队人员的分配不需要做到分工明确，一人多职这样的分配才能提高视频更新速度。

要让团队成员清楚地了解制作流程，甚至学习每个流程的工作，那么在完成自己基本工作后，他们就可以参与到制作流程的其他环节中。一人多职，这样也能减少拍摄的时间成本。所以，团队成员的构成和工作分配与短视频更新速度也有着一定的联系。

以上方法，需要结合自身团队的特点进行合理调整。在提高更新速度的同时，切记要优先注重内容的质量。提高更新速度并不是一天两天就能完成的，要想达到像一条、陈翔六点半这类顶级大号的日更状态，需要慢慢进行提高，达不到日更状态就先达到周更，在稳定短视频的产出量后，再慢慢向日更的方向靠近。

对于用户来说，一个有稳定产量的短视频栏目，更容易占据内心的稳定地位。

第 8 章

流量变现：短视频不是做公益，能变现才有生命力

短视频的热度只增不减，越来越多的人开始意识到短视频领域中所存在的诸多红利。而对于很多早已成为线上栏目的短视频团队而言，面对行业如此激烈的竞争，要想保持自身品牌的差异性，只有获得更丰富的资金才能更有底气地增加投入。因此，选择适合的变现方式，是很多团队在发展过程中需要考虑的重要部分。

8.1 渠道分成：创业初期最直接的收益来源

如今短视频的势头仍然只增不减，而各大渠道平台进行的扶持计划无疑是给势头正旺的短视频行业再添了一把火。这对于很多短视频原创团队来说，绝对是一个大大的福利。而渠道分成，也成为短视频团队创业初期的一个重要环节。

对于短视频原创团队来说，渠道分成是他们初期最直接的收入来源。因此，对于渠道的选择和如何获得最大的分成收益是运营过程中的关键问题。我们常见的短视频渠道平台有今日头条、美拍等。

这些平台分成推荐渠道、视频渠道、粉丝渠道三大类，各个类型渠道所产生的平台分成也是大有不同的。

推荐渠道，顾名思义就是所有在这个渠道中发布的短视频，它们获得的短视频播放量，主要都是通过系统推荐获得的，其中不会掺杂过多的人为因素。推荐渠道中最典型的平台当属今日头条了。

和推荐渠道不同的是，视频渠道中的短视频主要都通过搜索和平台小编推荐来获得播放量，例如搜狐视频等。在视频渠道中，拥有好的推荐位就能获得更高的播放量，那么渠道的收益分成也不会太少。

最后一类就是粉丝渠道了，在该渠道中，粉丝的作用将发挥到极致。影响短视频播放量最直接的因素就是粉丝数量，而美拍就是粉丝渠道的代表。但是需要注意的是，也有一些粉丝渠道会存在小编推荐的方式。

面对如此多的短视频渠道平台，我们也需要进行详细的规划和分析后再进行选择。毕竟对于一个团队而言，分成固然重要，但更重要的是要考虑到短视频品牌形象发展和粉丝用户。虽然每个短视频团队所涉及的内容类型有所不同，但是在每个平台上获得的播放效果也存在差异。

因此，只有选择合适的渠道进行短视频投放，才能获得预期效果，收获一定的分成。那么，我们如何选择合适的渠道平台呢？（如图 8-1 所示）。

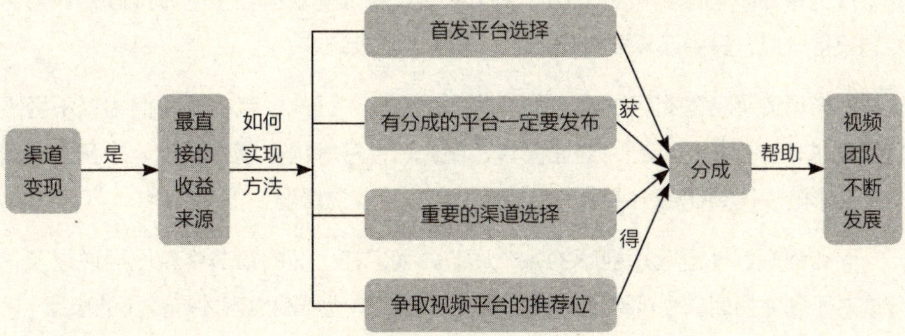

图 8-1　渠道变现

1. 首发平台选择

以第一视频为例，第一视频采取的是系统推荐机制。个性化推荐算法会根据用户喜好个性化推荐视频，这样一来就可以帮助我们快速、准确地找到短视频对应的精准用户。同时还能帮助我们测试，短视频的内容是否受用户喜爱。

而像搜狐视频、腾讯视频、爱奇艺等这类的视频渠道，大多采用人工推荐机制，平台上好的推荐位都被各大卫视影视剧、综艺节目等频道占据，因此，留给短视频的推荐位可以说是少之又少。

相比之下，短视频聚合平台第一视频可以通过查看数据分析用户的反馈，找出最吸引用户的短视频内容。第一视频对于短视频的精确分发对很多短视频创业初期的团队来说，都具有很大的优势。

一条视频除了有较好的推荐机制之外，还具备足够大的用户群，这对获得更多的播放量和平台分成也提供了一个契机。

一条视频对很多初期创业短视频团队而言，冷启动优势大，即使初期没有粉丝也不必担心没有流量。同一个短视频在头条上拥有较高的播放量，那么在其他平台上的播放量也不会太低。但这还是需要花费一定的时间和精力的，好好运营，才能在头条中获得更大的增长空间。

2. 有分成的平台一定要发布

创业初期渠道分成是短视频团队最直接的收益来源，那么理所当然的，所有有分成的平台我们都要进行发布。多个平台发布才能获得更多的分成收益，当然要想获得分成，其中还需要我们加入一些运营的技巧。

每个渠道平台各有各的特点和视频呈现形式，因此，就需要我们根据不同平台的要求，对视频的标题、封面图片、简介、标签等内容精心设计，毕竟这些因素都会影响短视频在各个平台上的播放量和分成收益情况。

而如何好好地运营短视频的各个环节，我们在上面的章节中就已经说过了，分成对于创业初期的短视频团队固然重要，但拥有优质的内容才是真正的赢家。

3. 重要的渠道选择

以美拍为例，该平台是以短视频制作工具的角度进入短视频领域的，不仅在短视频的加工处理上起到一定的作用，同时还是我们短视频发布的一个重要的渠道选择。美拍对短视频的审核工作十分重视，这也为我们短视频内容的优化提供了重要的依据。

和很多视频平台不同的是，美拍不会依靠平台自身提供的优质视频来推动流量，而更为鼓励用户生产内容，这也是我们将美拍列为重要选择的初衷。上面我们说到的，美拍属于粉丝渠道中的一个平台。因此，粉丝对短视频的播放量有很大的影响。美拍更加强调引导粉丝用户进行关注、评论等，且粉丝的评论相对更加客观，因此，关注美拍粉丝用户的反馈情况，对短视频的创作会有很大的帮助。

4. 争取视频平台的推荐位

我们都知道很多视频平台，例如爱奇艺、搜狐、腾讯等，它们的主界面都被各大卫视的电视剧、电影、综艺等频道占据着，短视频团队很难在视频平台中争取到好的资源位。但是对于很多短视频团队来说，通过优质内容来争取到这些视频网站的推荐位，那么视频流量也就有了一定的保证。

渠道分成是短视频最直接、最原始的经济来源，而短视频团队必须从自身的定位和发展出发，寻求适合的平台，才能从中获得更多的收益。

8.2 商业广告：贴片冠名和软性植入

在巨额资金支持和海量内容生产的背后，相当可观的用户数量和流量给短视频的商业变现提供了强有力的保障。短视频以快速简洁的播放形式结合创意内容，使得内容生产发挥着最大价值，也让品牌广告的植入更加的贴合自然。

除了上一节中我们说到的平台分成之外，商业广告也是短视频流量变现的又一途径。虽然短视频领域火爆，但是变现问题依旧是该领域的重大问题。商业广告是很多短视频大号的主流变现方式，而这种方式的前提条件就是，需要以拥有大规模的流量为基础才可能发生。

很多商家品牌认为传统电视广告已经不再能够满足需求了，而短视频却成了新的推广机会。短视频通过内容获得大量的流量，从而引流到商业广告，这是变现的基本逻辑。

贴片冠名和软性植入是短视频广告变现最常用的两种方法。其中贴片冠名是早就已经盛行的一种形式，这种方式是将品牌名或者产品名作为短视频栏目的名称，或是在片头进行标版、结尾使用字幕鸣谢、视频中人物口播等形式进行宣传。

说到广告冠名，很多人便会直接想到 2016 年 papi 酱单条广告拍卖出 2200 万的价格，在“papi 酱的周一放送——奥运跟我涨姿势”中，就首次出现开篇广告的效果（如图 8-2 所示）。

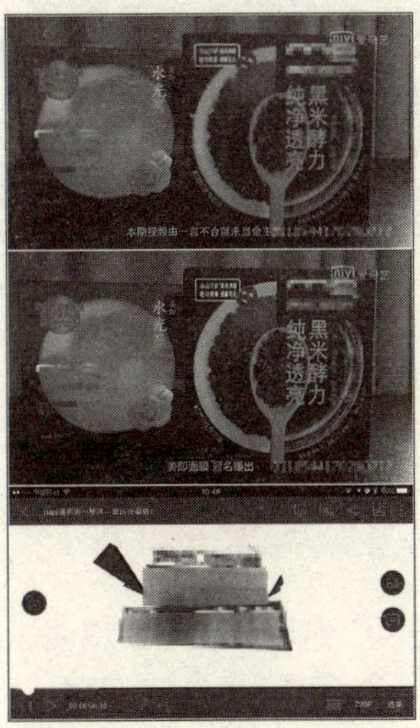

图 8-2　papi 酱视频截图

这次视频是由美即面膜冠名播出的，品牌主的产品在这期短视频中露脸不超过 10 秒，同时配合 papi 酱 5 秒的口播形式，这就是最典型的贴片冠名的形式。

贴片冠名这种形式具有执行速度快，覆盖用户广的优势。相比之下软性植入就显得更加隐蔽，起到“润物细无声”的效果，软性植入相当于最高境界的广告植入方式。它的广告植入更加注重和短视频内容本身的契合度，从而降低观众心理产生的厌烦感。

魔力美食每天推送一条美食制作视频，与魔力美食合作的就有“RIO 鸡尾酒”“大虾来了”等多个美食品牌。作为一档美食类的短视频节目，魔力美食大多采用软性植入广告的形式，将短视频内容和产品属性相结合，达到一定的契合度，将广告产品包装成内容，更受用户喜爱。

例如，在给 RIO 鸡尾酒做广告时就经常采用这样的形式（如图 8-3 所示）。

图 8-3　魔力美食视频截图

在短视频的画面中经常出现 RIO 的品牌标志，甚至有些食材的做法也会使用 RIO 做原材料。

无论选择何种形式的植入广告，短视频要想通过商业广告达到变现需求的前提是，需要清楚当前面临的挑战是什么，具体如下。

1. 缺少优质内容

对于很多广告主而言，高效率地利用短视频，从而近距离地接触到受众用户，并获得较高的转化率才是他们选择广告投放的关键原因。但是目前短视频行业产量高、同质化严重，供需不平衡的现象也在逐渐显露出来。

现阶段，短视频市场仍然没有足够的优质内容能够满足广告商们的需求，因此，优质内容的稀缺成为很多广告商们面临的一大挑战。

2. 广告与短视频内容的契合度

有资料统计，大部分用户停留在广告上的时间不会超过 10 秒，而传统媒体播放广告的形式并不需要结合视频内容，因此，在投放和选择上更加随意。短视频则以时间短、内容短为主要特点。

要想让广告的加入更自然，并且不会影响用户的视觉体验，就需要根据短视频的内容来选择广告类型，这在很大程度上就限制了品牌主们的选择。同时，选择哪种方式的广告投入，才不会降低视频呈现的效果和观众的观看体验，这是很多短视频团队最为头疼的问题。

3. 缺乏行业规范

虽然在短视频中插入广告已经是见怪不怪的事情，很多新媒体短视频也都接受越来越多的商业广告，但是由于缺乏行业的具体规则，欺诈用户流量的行为依旧存在，而这需要更透明的行业标准来维护。

因此，短视频与商业广告的结合，通过广告方式实现变现，也就越来越困难了。在这样的行业趋势下，到底应该怎样做才能让短视频通过商业广告变现朝着更好的方向发展呢？具体如下。

（1）商业广告与短视频内容相结合

短视频和广告结合的方式有贴片冠名、软性植入等方式，虽然各有各的优势，但是从用户的反映来看，软性植入是最佳的选择方式。要想通过商业广告变现，就要尽量避免硬性广告的植入和不存在内容的纯广告。

外在效果上，贴片冠名广告是被强加在短视频片头或片尾的，这在很大程度直接影响了用户的体验。从内容效果上来看，贴片冠名广告和视频内容、情境融入不存在任何关联性，很容易影响到短视频的流量。

因此，将广告更内容化，增加和短视频的关联性，软性植入是最好的选择。就拿美食类短视频新媒体来说，他们选择的广告商大都是和美食相关的。只有存在共同点的两者才能融合在一起，而这也是软性植入广告的特点，让品牌和短视频内容相结合，从而起到潜移默化的作用。

（2）不要根据广告做短视频选题

除了广告和短视频内容的完美契合，通过广告变现尤其要注意，不能依靠广告商来做视频选题。因此，在策划时，一定要和商家一起讨论选题和策划。在满足广告商对品牌宣传需求的同时，也要满足自身栏目的用户需求。

不能因为广告的介入而忽略自身的定位，尽量根据自己栏目的内容去寻找广告植入的切入点。对于很多短视频团队来说，内容为王，而广告植入也是在做内容。不能因为植入广告而改变短视频整体的风格，降低内容价值。因此，一定要依照短视频自身的定位和用户群去选择内容，这一点是十分重要的。

（3）用户决定商业价值

短视频新媒体中粉丝才是自己的目标群，不要仅满足商业广告对应的目标用户需求，进而忽略自身栏目定位的粉丝用户需求。

若我们的短视频内容不能满足自己用户群的需求，那么直接会导致播放量的降低，进而参与其中的广告品牌也无法获得理想的宣传效果。因此，短视频要想通过商业广告变现，一定要从目标用户的定位和角度出发，选择适合的主题和广告植入方式。

广告变现是短视频领域常见的变现方式。虽然，随着变现方式的多样化，很多短视频不再选择通过商业广告这一方式变现，而是更愿意选择更加新颖的方式，但是，不得不说广告变现还是最有效的方式之一。

8.3　订阅打赏：让观众心甘情愿地掏钱

订阅打赏是短视频内容变现的形式之一，从长远来看，订阅打赏是未来短视频行业中一种十分可行的盈利模式。然而，在短视频领域中，成功使用付费模式的大都是本身就自带超高流量和人气的团队。

订阅打赏对于很多用户而言并不陌生，这种方式是短视频内容变现最直观的表现，也是直接检验一个短视频内容创作质量的关键标准。和用户点赞、转发、评论相比，订阅打赏是观众对短视频内容直接的肯定和喜爱。

随着打赏活动的出现，越来越多的人开始自愿为自己喜欢的短视频或一些求助信息付费。在现在的发展形势下，用户对打赏活动的参与度越来越高。从长远的利益上看，打赏是短视屏领域中十分可行的一种变现方式，而我们需要如何做才能通过这一方式成功获得变现呢（如图 8-4 所示）？具体如下。

1. 让订阅打赏变成刚需

通过观察直播行业，我们可以发现主播们生产内容最主要的动力就来源于粉丝观众赠送的礼物。为了能够得到更多的礼物，主播们也会各显神通，使尽各种招数让观众心动，从而让其心甘情愿地掏腰包。

因此，当我们打开任何直播APP的时候，对于这种打赏方式就不会存在排斥。看直播打赏这种行为活动早就在观众的思维中形成了一种固定模式，并养成了一种习惯。但是在短视频领域，观众对于订阅打赏这种方式一直存在着陌生感。

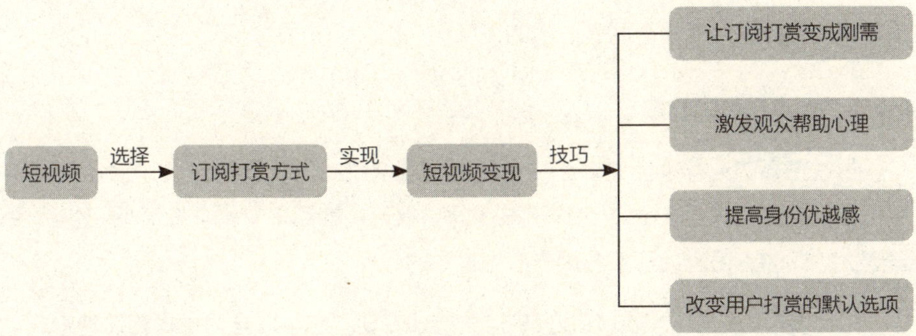

图 8-4　订阅打赏变现

和直播不同的是，短视频播放过程中与观众的互动不够直接，观众对短视频内容的反馈不能及时地反映出来。在没有给用户带来观赏体验提升的情况下，打赏或不打赏，订阅或不订阅反而成为一种很随意的选择。

同时，观众根本无法感受到，订阅打赏对短视频团队的重要性。因此，在短视频内容创作上，要让观众看到我们需要打赏的意愿，只有这样才能让观众对短视频打赏产生一种类似于契约的形式存在。

一定不要想着仅仅凭靠短视频优质的内容去打动观众，让他们主动进行打赏。观众都是被动的，一定要在短视频中直接说明出来，而至于具体要求打赏的话术该怎么说，完全可以根据短视频内容的风格、定位、主题进行思考。

2. 激发观众帮助心理

短视频要想通过订阅打赏方式进行变现，可以参照直播中的方式。很多网络主播在直播的过程中都会想方设法地让观众给他们送礼物，例如，他们会直接在直播的过程中向用户表达自己的需求，需要观众帮助才能实现，以此来博得同情，激发观众的帮助心理。

同样是做内容生产，只是形式不同而已，对于短视频而言，也可以利用直播的这种手段直接求助于观众，也就是激发观众的帮助心理。要让观众知道我们需要他们的帮助，让订阅打赏的这种行为变成一种帮助性活动。要让用户清楚，因为有了他们的订阅打赏，我们才有动力创造出更多优质的内容。当用户认识到这一点后，就不会有负担了。订阅打赏是一个持续的过程，需要让用户看到他们打赏后的反馈效果，才能增加日后打赏的次数。

用户主动打赏，其实也是和短视频创作者之间互动的一种形式，两者之间形成了良性循环，才能平衡两者之间的关系。

3. 提高身份优越感

看过直播的人都很清楚，当主播们受到观众刷礼物打赏的时候，就会在直播中用不同的方式表达感谢。这对于很多同时看直播的用户来说，在感叹打赏金金额之大的同时也很容易让部分用户产生攀比的心理。

因此，短视频要想通过订阅打赏这一方式变现，也可以学习直播的这种方式。虽然不能及时地感谢打赏用户，但是可以通过设置专门的等级制、会员制等形式，来提高用户的优越感，打赏金额越高等级越尊贵。

不同等级的用户还能获得不一样的权益福利，虽然这并没有实质性的好处，但是却和普通观众之间产生身份的差别，可以让经常订阅打赏的用户获得心理上的满足感和优越感。

4. 改变用户打赏的默认选项

就用户订阅打赏而言，若是让用户自己选择打赏或者不打赏，那么效果往往不太如意。但是，若让用户选择打赏 5 元还是 10 元，就很容易让用户不由自主打赏，激发他们的主动性。改变用户打赏的默认选项，即使不改变其他任何内容，也能获得一定的效果。

经过这样长期的引导和熏陶，让打赏成为一种常态行为，当用户养成这样的习惯后，订阅打赏变现也就更容易了。

打赏变现这一方式在短视频领域中，并不是最常用到的一种形式。订阅打赏变现，单单依靠以上几个技巧是无法达到效果的，这些技巧起到作用的前提条件是，短视频栏目自身应该积累大量的粉丝和人气。

由于粉丝数量等条件的限制，很多栏目并不会轻易地选择这种变现方式。订阅打赏这一变现方式虽然是最直接的金钱收入，但是相对于其他变现方式而言，其变现效果确实不太明显。

8.4 内容电商：从流量到电商的完美闭环

短视频逐渐被推上了创业风口，而内容电商也在短视频这片肥沃的“土地”中，“开垦”出广阔的区域。从以往的数据上看，广告收入是很多短视频团队最主要的收益来源。但是随着短视频的不断发展和行业推动，单一的变现渠道已经不能够满足短视频团队的需求了。而将短视频浪潮推向顶峰的，就是短视频和电商领域的合作。和电商的结合，正在逐步成为短视频领域中最有效、收益最高的变现方式。

说到内容电商，很多人都不太清楚到底什么才是内容电商。和传统电商不同的是内容电商的两大关键因素，一个是内容，另一个是交易。传统电商是在网上搭建一个店铺，再通过各种渠道将流量引到店铺中，从而促进交易。而内容电商不同的是，它的流量并不需要通过其他地方导流过来。就拿短视频跨境电商来说，其流量来源直接是短视频原有积累的粉丝。

传统的电商模式，是通过单品竞争或者是价格竞争等形式进行交易的。而内容电商形成交易的原因，大多是因为用户对内容本身就具有一定的价值认同。我们早就已经从图文信息消费时代，过渡到了短视频消费时代。

因此，同样是在内容电商领域，也发生着巨大的变革。传统的电商平台以图文宣传推广的形式，获得流量和转化率，早就遭遇瓶颈期。而类似于一条、papi酱、造物集这类依托短视频的形式，逐渐在电商领域崛起。

例如，做美食类短视频的“小羽私厨”也涉足了电商领域，在向用户教授一些美食制作的过程中，就会选择一些有价值的产品进行推荐，例如酸奶机、棉花糖机等一系列产品。对于栏目的女性目标用户来说，很容易激起她们的购买欲望。用户可以直接到他们的网店中购买到视频中的各种用具。

那么，依托内容电商如何实现短视频变现（如图 8-5 所示）？具体如下。

1. 优质内容输出

内容电商最核心的部分就是内容，观众选择了什么样的内容就相当于选择什么样的商品。因此，抓住内容的关键，就是要让短视频的内容可以对应到用户的画像上。很多短视频团队在做完第一期视频后，就黔驴技穷了，想不出通过什么样的话题撑起第二期的内容。

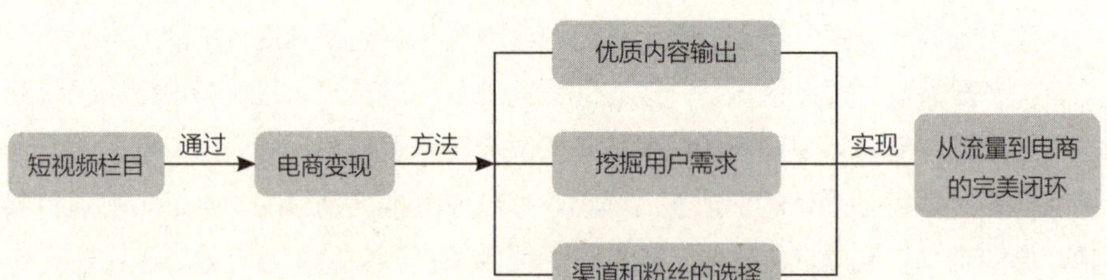

图 8-5　电商变现

对于短视频而言，什么样的内容称得上是优质的内容呢？在短视频处于风口的情况下，原创、独创性的视频内容更加容易脱颖而出。内容就是广告，做好电商营销的关键就在于短视频内容的有趣和创意。

内容上要找到短视频内容和电商产品最契合的点，在此基础上进行内容创意，用特别的制作技巧将产品表现出来，除了给观众制造不可思议之外，还能保持短视频原有内容的风格和趣味性。

除此之外，一定要避免在短视频中对用户进行产品的硬性推广，这在很大程度上会影响用户的视觉体验，最终导致过低的播放量和点击量。很多产品本身就具有自身的实用场景，在短视频内容创作时，只需要将该产品还原到对应的使用场景中，就能让短视频播放内容更有代入感。

因此，实现产品和视频内容有效的结合，一定要避免硬性植入。只有保证内容持续优质，才能增加和用户之间的互动和黏性，从而为商家企业提供最稳定、最有价值的宣传。

短视频做好电商变现，虽然使视频内容都带有一定的目的性，但是只要在画面设计、编剧上充满可看性，就更容易吸引用户，并因此带来巨大的播放量。内容的好坏是直接关系到用户流量转化的关键因素。

2. 挖掘用户需求

短视频要想做好电商变现，关键是需要完成和销售的一键转化。优质的短视频能够快速推动信息的传播。无论是图文形式还是短视频内容，能让用户在同一平台上将目光从内容阅读转化到销售，才是最理想的。

从某种意义上来讲，短视频和电商结合，无非就是充当商家销售的载体。因此，在内容创作时，最先需要明确你的内容到底是为谁做的，如此才能找到合适的内容，最终达到一定效果。

无论是短视频还是直播等多媒体形式的内容，这些新兴的体验方式不但可以更近距离地接触用户，而且还能满足观众的娱乐需求。而这些方式最终创造出的唯一价值，都是为了满足用户的需求体验。

那么，在内容创作过程中一定要清楚用户的心理需求和习惯特征。抓住用户的心理需求，归结起来就要把握并运用好人性的弱点。短视频和电商的结合并不是内容的二次传播，而是二次包装。因此，对内容的包装要想吸引用户眼球，找到视频的卖点，一定要从用户需求出发。满足人性需求，才是为用户创造最佳观看体验。

3. 渠道和粉丝的选择

渠道的选择对于电商来说十分重要，而对于短视频而言，从单一的平台分发，发展成为多平台也要注意不同渠道的选择。短视频选择哪些渠道进行视频分发，所带来的点击量和宣传度是大不同的。

在渠道的选择上主张“哪里能销售产品就去哪里播放”，因此微博、微信、淘宝等允许进行交易的网上平台就成为很多团队的首选。对于渠道的选择，很显然电商性质的短视频并不太适合投放在长视频网站，例如优酷、腾讯视频、爱奇艺等之类的平台。

因此，就要需要选择一些流量大且精准的平台，例如，进行某产品的销售宣传的短视频，可以直接投放到淘宝首页进行展示，也可以分享至微博等地方进行宣传。正确的渠道选择才能实现预期的目标，否则只能是徒劳一场。

在做好渠道选择的基础上，一定要注意不断地积累粉丝。虽然很多长视频网站并不适合短视频的发展，但是可以通过这些网站平台来沉淀一部分粉丝。在粉丝经济的时代下，粉丝数量越多，那么创造出来的经济效益就越高。

只要拥有精准的粉丝，无论销售什么样的商品，就总会有人来买单，那么短视频通过内容电商变现也就更容易了。

相较于传统的图文形式，短视频无疑是更好的电商营销形式。而对于很多团队来说，“短视频 + 电商”这一变现模式是今后不可抵挡的发展趋势，并且逐渐成为变现渠道中最重要、经济效最高的方式。

短视频运营无论选择哪种变现方式，都要明确自己的内容是为谁而做的。明确定位的同时保证视频的质量，才是让流量变现的关键。